서울 메이트 365

서울 메이트 365

초판 1쇄 발행　2025년 11월 30일
발행처　서울특별시
발행인　서울특별시장
기획 총괄　홍보기획관 홍보담당관
주소　서울특별시 중구 세종대로 110 서울특별시청

책임 편집　파이퍼 프레스
인터뷰　전찬우 김소원
디자인　위앤드
일러스트　전유리
사진　김정한 소희준
인쇄　교보피앤비

『서울 메이트 365』의 내용은 저작권법에 의해 보호받는 저작물로,
저작권자와 서울시, 파이퍼 프레스의 사전 서면 동의 없이 전부 또는 일부를
복제·전송·배포·이용할 수 없습니다.

『서울 메이트 365』의 일부 내용은 서울시의 공식 입장 및 견해와 다를 수 있습니다.

ⓒSeoul Metropolitan Government

발간등록번호　51-6110000-003336-01
ISBN　979-11-7177-527-9 (03350)

Your Seoul Mate

서울 메이트 365

다정한 도시를
만드는 사람들

당신의 서울 메이트를 만나보세요.
지금 나에게 필요한 친구는 누구일까요?

아래에서 나의 생각과 가까운 문장을 체크해 보세요. 색깔별로 몇 개를 골랐는지 세어 보고, 다음 페이지에서 나에게 힘이 되는 친구를 만나 보세요.

- ☐ 한번 시작한 일은 끝까지 해내야 마음이 편하다.
- ☐ 누군가 곁에 있어 주면 마음이 놓인다.
- ☐ 불공평한 일을 보면 그냥 지나치지 못한다.
- ☐ 누군가 웃으면 덩달아 기분이 좋아진다.
- ☐ 안정된 일상 속에 있을 때 마음이 편하다.
- ☐ 두렵더라도 시작하면 끝까지 해낸다.
- ☐ 작은 친절에도 쉽게 감동한다.
- ☐ 하루하루 작은 성취를 쌓아 가는 일은 무엇보다 중요하다.
- ☐ 낯선 사람과 먼저 대화를 시작하는 일이 어렵지 않다.
- ☐ 아무리 어려워도 기댈 사람이 있다면 견딜 수 있다.
- ☐ 다른 사람의 감정 변화를 잘 알아차린다.
- ☐ 하고 싶은 일이 떠오르면 머릿속에서 사라지지 않는다.
- ☐ 혼자보다는 함께할 때 힘이 난다.
- ☐ 힘들어하는 사람을 보면 내 일처럼 마음이 쓰인다.

☐ 새로운 상황에 던져져도 적응이 빠른 편이다.
☐ 앞으로 할 일을 미리 정리하고 계획해 둔다.
☐ 누군가가 내 이야기를 들어 주면 큰 힘이 된다.
☐ 위기 상황에서 의외로 침착한 모습을 보인다.
☐ 누군가를 위로하면서 스스로 힘을 얻는다.
☐ 자기만의 길을 묵묵히 걸어가는 사람에게 마음이 끌린다.

⬢ _____개   ⬢ _____개   ⬢ _____개   ⬢ _____개

든든한 친구

- 언제나 옆에서 조용히 힘이 되어 주는 버팀목 같은 존재예요.
- 큰소리로 위로하지 않아도, 묵묵히 곁을 지키며 믿음을 줍니다.
- 삶이 흔들릴 때 기댈 어깨가 되어 주는, 늘 든든한 친구입니다.

▶ 해병대 장교로 복무하다 부상을 입은 뒤, 같은 상처를 지닌 청년들에게 힘이 되어 주는 **이주은** 님
▶ 보호시설을 떠나 홀로서기를 시작해 스스로의 힘으로 삶을 꾸려 가는 **송희석** 님

용감한 친구

- 두렵더라도 한 걸음 내딛는 용기, 그 용기가 조금씩 세상을 바꿉니다.
- 가족의 돌봄과 생계, 자신의 꿈을 함께 짊어지면서도 포기하지 않는 사람들.
- 어려움 속에서도 자신과 타인을 위해 목소리를 내고, 새로운 가능성을 증명합니다.

▶ 아픈 가족을 돌보며 더 단단하게 성장해 아나운서의 꿈을 스스로 이뤄 낸 **이주빈** 님
▶ 오랜 은둔의 시간을 끝내고 다시 세상으로 나와 은둔 청년들의 변화를 돕는 **권유리** 님

따뜻한 친구

- 작은 표정 변화도 놓치지 않고, 힘든 마음을 먼저 알아차리는 사람입니다.
- 누군가를 위해 기꺼이 마음을 내어 주는 다정함을 지녔습니다.
- 곁에 있으면 마음이 따뜻해지는, 포근한 친구입니다.

▶ 쪽방촌 이웃들과 따뜻한 밥 한 끼로 마음을 나누는 **홍영기·박성순** 님
▶ 삶의 막다른 길목에서 다시 희망을 붙잡고 그 희망을 다른 이들에게 전하는 **김점수** 님
▶ 외로운 사람들의 이야기를 들어 주며 다정한 위로를 건네는 **강민지** 님

꿈꾸는 친구

- 주어진 자리에서 꾸준히 최선을 다하는 사람입니다.
- 작은 일도 소홀히 하지 않으며, 묵묵히 자신만의 속도로 나아갑니다.
- 하루하루 쌓아 올린 노력이 결국 길이 된다고 믿는, 믿음직한 친구입니다.

▶ 어려운 환경 속에서도 학업을 포기하지 않고 자신만의 길을 만들어 가는 **서문민경** 님
▶ 여행 가이드로 일하다 새로운 배움의 기회를 통해 기획자로 성장한 **김민아** 님
▶ 오랜 시간 아버지를 돌보며 잠시 멈췄던 도전을 다시 시작한 **홍민기** 님

(프롤로그)

서울 메이트 365

우리는 모두, 혼자 살아가지 않습니다. 누군가는 길을 잃고, 누군가는 문턱 앞에서 주저앉고, 누군가는 침묵 속에 오래 머무르기도 합니다. 하지만 그럴 때마다, 도시가 먼저 말을 걸고, 먼저 다가와 주는 존재라면 어떨까요?

『서울 메이트 365』라는 제목에는 그런 바람이 담겨 있습니다. 365일, 언제든 내 옆을 지켜 주는 누군가. 내가 부르지 않아도 먼저 다가와 주고, 조용히 함께 걸어 주는 친구 같은 존재. 그 역할을 이제는 도시가 해 보겠다는 약속, 그리고 그 약속을 실천해 온 수많은 정책과 사람들의 이야기가 이 책 속에 있습니다.

다정한 서울, 함께 걷는 도시의 얼굴을 담다

우리는 서울이라는 도시에서 수많은 사람들과 스쳐 지나가며 살아갑니다. 언뜻 복잡하고 바쁜 공간 같지만, 그 속에는 언제나 조용히 곁을 내어 주는 이웃, 따뜻한 응답을 건네는 제도, 그리고 누군가를 위해 기꺼이 손을 내미는 사람들이 존재해 왔습니다.

서울시는 왜 '다정한 서울'을 이야기할까요?

도시는 단지 건물과 도로의 집합이 아니라, 사람과 사람 사이의 연결, 그 사이를 채우는 따뜻한 의지로 이루어진 공동체이기 때문입니다. '동행·매력 특별시'를 비전으로 서울이 추진해 온 정책들은 단순한 복지 행정이 아닌, 시민의 일상 속에서 함께 살아가는 힘, 서로를 향한 존중과 배려의 제도적 표현이었습니다.

이 책은 바로 그 다정한 정책들의 실행자와 수혜자, 그들의 삶에 스며든 순간들을 담았습니다. 돌봄, 포용, 상생, 공존, 회복, 연결이라는 키워드 속에서, 우리는 도시라는 공간이 어떻게 사람을 향해 '다정한 방식'으로 움직이는지를 보여 주고자 합니다.

서울은 더 이상 낯선 도시가 아닙니다.
누군가에게는 매일의 회복을 돕는 공간,
누군가에게는 다음을 꿈꾸게 해 주는 울타리,
누군가에게는 두려움 없이 길을 묻고 기대어 볼 수 있는 친구,
'메이트'가 되어 주고 있습니다.

이 책을 펼치는 당신에게도, 서울이 그런 다정한 친구가 되기를 바랍니다.

계절의 흐름 속에서 만나는 다정한 친구들

『서울 메이트 365』는 우리 삶의 씨앗이 뿌리내리고 자라나는 과정을 절기의 순환 속에서 보여 줍니다. 더위와 추위에도 꽃을 피워 낸 친구들의 삶 속에서 힘이 되는 메시지, 위로가 되는 조언을 발견해 보세요.

- 봄에는 새 출발을 응원해 주는 친구들을,
- 여름에는 무더위 속에서도 용기를 건네는 친구들을,
- 가을에는 서로의 삶의 온기를 나누는 친구들을,
- 겨울에는 차가운 공기 속에서도 따뜻하게 손을 내미는 친구들을 만날 수 있습니다.

서울의 사계절을 따라가며, 계절마다 만나는 친구들의 다정한 마음을 기록해 보세요.

더 다정한 서울을 경험하는 방법

절기별, 계절별 이야기
입춘의 새로움, 추분의 균형, 동지의 기다림처럼 절기마다 특별한 의미가 깃들어 있습니다. 『서울 메이트 365』는 이 절기들을 출발점 삼아, 서울에서 만나는 친구들의 삶을 연결합니다.

서울의 동행 이야기
희망의 인문학, 동행식당, 청년취업사관학교, 디딤돌소득. 서울이 만들어 가는 다정한 도시의 풍경을 소개합니다. 함께 있기에 더 행복하고, 함께 걸어 가기에 더 힘이 나는 서울의 이야기들을 담았습니다.

다정한 노트
서울의 친구들이 남긴 문장 가운데 마음에 남는 구절을 따라 써 보세요. 필사의 순간은 친구들의 다정함이 당신의 하루에 스며드는 시간이 될 것입니다.

다정한 일기
이야기의 끝에는 당신의 다정함을 묻는 질문들이 기다리고 있습니다. 하루를 돌아보며 적어 내려가는 답은 또 하나의 다정한 기록이 되어, 당신 곁에 오래 남을 것입니다.

동행 24절기
이 책의 마지막에는 계절의 변화에 따라 달라지는 우리의 일상과 서울의 동행 이야기를 담은 절기 캘린더 책갈피가 있습니다. 봄, 여름, 가을, 겨울의 이야기가 담긴 책갈피를 꺼내 마음에 남는 페이지마다 꽂아 두고, 언제든 다시 펼쳐 보세요.

서울은 다정함으로 더 빛나는 도시입니다. 우리가 서로에게 힘이 되어 줄 때, 서울은 더 아름다워집니다. 도시의 발전은 곧 서로를 지탱하는 다정한 관계가 더 넓어지는 과정일지도 모릅니다.

이제 책장을 넘겨 볼까요? 당신 곁의 친구들, 그리고 서울이라는 도시와의 다정한 동행이 시작됩니다.

목차

프롤로그 8

봄 — 다시 시작하다

이주빈 `용감한 친구` 22
: 돌봄이 인생의 전부가 되지 않도록
▶ 가족돌봄청년 지원 39
- 다정한 노트 40
- 다정한 일기 41

이주은 `든든한 친구` 42
: 고맙다는 말, 여전히 멋지다는 말
▶ 청년부상제대군인 상담센터 61
- 다정한 노트 62
- 다정한 일기 63

여름 — 가능성이 열리다

서문민경 꿈꾸는 친구 68
: 나를, 세상을 배우는 시간
- ▶ 서울런 85
- 다정한 노트 86
- 다정한 일기 87

김민아 꿈꾸는 친구 88
: 멈춰 선 자리에서 새로운 길을 발견하다
- ▶ 청년취업사관학교 105
- 다정한 노트 106
- 다정한 일기 107

가을 — 나눔으로 빛나다

홍영기, 박성순 `따뜻한 친구` 112
: 손님이 식구가 되는 다정한 식당
- ▶ 동행식당　　131
- \- 다정한 노트　　132
- \- 다정한 일기　　133

홍민기 `꿈꾸는 친구` 134
: 기댈 수 있었기에, 다시 일어설 수 있었다
- ▶ 디딤돌소득　　147
- \- 다정한 노트　　148
- \- 다정한 일기　　149

김점수 `따뜻한 친구` 150
: 사람을 일으켜 세우는 단 한마디의 희망
- ▶ 희망의 인문학　　169
- \- 다정한 노트　　170
- \- 다정한 일기　　171

겨울 — 함께 일어서다

권유리 `용감한 친구` 176
: 혼자였던 사람만이 알 수 있는 것들

▶ 고립·은둔청년 지원 193
- 다정한 노트 194
- 다정한 일기 195

송희석 `든든한 친구` 196
: 혼자가 아니라, 함께 이루는 자립

▶ 자립준비청년 지원 211
- 다정한 노트 212
- 다정한 일기 213

강민지 `따뜻한 친구` 214
: 외로움을 밀어내지 않고 끌어안을 때

▶ 외로움안녕120 233
- 다정한 노트 234
- 다정한 일기 235

동행 24절기 236

봄
Spring

다시 시작하다

봄 — 다시 시작하다

찬 바람이 물러가고, 얼었던 땅은 천천히 녹아 갑니다. 입춘의 기적을 지나 경칩의 바람이 스치면, 창밖에는 연둣빛이 번져 갑니다. 봄은 언제나 그렇게, 우리 곁에 다시 찾아옵니다.

어린 나이에 쓰러진 아버지를 돌보는 친구가 있습니다. 대학 진학을 포기하고 가족을 지키는 삶. 또래의 평범한 삶을 포기한 자리엔 책임감이 자랐습니다. 돌봄은 사랑이지만 동시에 무게이기도 했습니다. 그 무게를 견디는 사이, 그는 누구보다 단단해졌습니다. 아나운서로, 통역사로, 자신만의 목소리를 세상과 나누면서 돌봄의 삶을 이야기하는 사람으로 자랐습니다. 가족도, 나의 꿈도 지킬 방법이 있다는 그의 목소리는 희망의 싹을 틔워 냅니다.

한때 무너졌던 친구도 있습니다. 해병대 장교로 복무하던 시절, 갑작스러운 부상으로 모든 걸 잃었다고 느꼈습니다. 몸은 회복되지 않았고, 마음은 더 깊이 다쳤습니다. 사회는 여전히 빠르게 흘러가는데 자신만 멈춰 있는 듯했습니다. 하지만 그는 포기하지 않았습니다. 재활의 시간을 견디며 같은 상처를 지닌 청년들을 만나 이야기를 나누기 시작했습니다. 그렇게 그는 자신만의 방식으로 다시 세상 속으로 걸어 나왔습니다.

두 사람의 이야기는 봄을 닮았습니다. 얼어붙은 땅을 뚫고 나오는 연약한 싹의 강인한 힘을 확인하는 계절. 넘어진 자리에서 다시 일어선 두 사람은 이제 다른 이들을 일으켜 세우고 있습니다.

봄의 새싹에는 겨울을 견딘 흔적이 남아 있습니다. 상처와 단절, 기다림 위에서 다시 시작된 일상은 그래서 더 빛이 납니다. 아픔을 견뎌 내고 새롭게 도전하는 이들의 삶에서 진짜 봄이 피어나고 있습니다.

이주빈　돌봄이 인생의 전부가 되지 않도록

용감한 친구

아나운서, 스피치 강사, 통역사, 회계 담당자. 한 줄에 담기 어려울 만큼 다양한 이력에, 소방안전관리자, 요양보호사, 텔레마케터 관리사 등 취득한 자격증도 한가득이다. 구김살 없이 웃으며 "열심히 해야죠!"라고 말하는 모습을 보면 평범한 '갓생러' 같지만, 8년째 아버지를 간병하는 가족돌봄청년이다. 한창 공부하고 진로를 탐색해야 할 시기에 가족을 간병하는 그와 같은 청년들은 경제적, 심리적 어려움을 안고 불투명한 미래 앞에서 고군분투하고 있다. 쉽지 않은 순간은 많았다. 하지만 조금 천천히 가더라도 포기하지는 않겠다는 각오, 어려울 때 손을 내밀어 준 사람들이 있었기에 지금, 이곳까지 올 수 있었다. 그는 이제 자기만의 길을 그려 나가면서 청년들의 롤 모델이자 멘토로 성장해 나가고 있다.

어떻게 지내고 있나요? 하루 일과를 들려주세요.

저는 '엔N잡러'예요. 다양한 일을 하며 아버지를 간병하고 있습니다. 얼마 전 하루를 예로 든다면 조찬 행사가 있어 새벽 6시에 집을 나섰다가 9시에 행사가 끝나 회계 일을 하는 사무실로 넘어갔어요. 2시까지 회계 서류 작업을 끝내고 스피치 강의 준비를 마친 다음, 오후엔 집으로 돌아가서 아버지를 돌봤습니다.

아버지를 간병하게 된 건 언제부터였나요?

8년 전, 스무 살이 되자마자 아빠가 쓰러졌어요. 대구에 살고 있었는데 거기선 더 이상 할 수 있는 치료가 없어 서울로 올라왔습니다. 24시간 옆에서 누군가가 아빠를 돌봐야 하는 상황이었어요. 외국 대학 진학을 준비하고 있었지만, 선택의 여지가 없었어요. 학업을 포기하고 서울에서 아르바이트를 병행하며 엄마와 교대로 간병을 했습니다.

**가족을 간병하는 청년들,
'가족돌봄청년(영케어러)'이라는 용어가 요즘 많이 언급되고 있어요. 가족돌봄청년이라는 말을 알고**

계셨나요?

몰랐어요. 제가 간병을 시작하던 때는 그런 단어도 없었고, 지금만큼 가족을 간병하는 청년층이 사회적으로 주목받지도 않았거든요. 몇 년 전 친구가 서울광역청년센터에서 가족돌봄청년 지원 사업 공고를 보더니 제가 자격이 되는 것 같다고 알려 줬죠. 반신반의하며 지원했는데, 선정이 되었어요. 그제야 제가 가족돌봄청년이라는 걸 인지했습니다. 지금은 서울시 복지재단에 가족돌봄청년 지원 전담 기구가 생겼더라고요. 단기간에 사회적 인식이 빠르게 변했다는 걸 느껴요. 이제는 서울뿐만 아니라 전국으로 그 인식이 확대되는 것 같고요.

그럼에도 불구하고 가족돌봄청년의 어려움은 아직 잘 알려지지 않은 것 같아요. 당사자로서 무엇이 가장 어려운가요?

돌봄의 끝을 알 수 없는 불확실한 상황에서 버텨야 하는 것이요. 아빠의 경우 희귀 난치성 질병을 앓고 계셔서 '수술하면 끝' 같은 기한이 없어요. 계속 치료를 받아야 하는 데다 상태도 시시각각 변합니다. 그러다 보니 좋은 일이 들어와도 거절해야 하는 경우가 생기죠. 프리랜서로 여러 일을 했지만 길게

"끝을 알 수 없는 불확실한 상황에서 버텨야 하는 것이 가장 힘들어요."

이어지는 게 없어요. 돌봄은 경력으로 인정되지도 않으니 미래가 막막할 때가 많습니다.

> 그런 막막함을 털어놓을 수 없을 때, 더 힘들 것 같아요.

맞아요. 심리적인 고립감도 커요. 겉보기엔 열심히 잘 사는 것처럼 보이지만, 감정적으로 의지할 곳이 없어서 외로워요. 아무리 친한 사람이라 해도 제 힘든 이야기만 계속할 수는 없으니까요. 외동딸로서 늘 멋지고 밝아야 한다는 생각을 하기 때문에 가족에게 말하기도 어렵고요. 비슷한 상황의 또래들도 각자 병원과 집을 오가느라 바쁘다 보니 서로 연결되기는 어려운 것 같아요.

> 간병하랴 일하랴 동분서주하는 사이 정작 자신은 뒷전이 되기 일쑤였습니다. 힘들고 어렵던 시기, 잠시나마 숨통이 트였던 건 가족돌봄청년 정책 덕분이었습니다. 경제적인 지원부터 비슷한 상황에 놓인 다

른 청년들과의 만남까지 지친 그에게 큰 힘이 되었습니다. 혼자라고 생각했지만, 이제는 함께하는 사람들, 옆에서 도와주는 사람들이 있다는 것을 알고 있습니다.

주변에서 도움을 주시는 분들, 기관도 있다고 들었어요. 가장 크게 힘이 됐던 것이 있을까요?

매달 아빠에게 들어가는 의료비가 큰데, 서울시에서 단기적인 의료비 지원을 받아 한두 달이라도 부담을 덜 수 있어 큰 도움이 되었습니다. 건강 검진 지원도 받았어요. 간병을 하다 보면 나 자신을 챙기는 것이 중요하다는 걸 알면서도 선뜻 시간과 돈을 들이기가 어려운데, 덕분에 건강 검진도 받았어요. 내 몸 상태를 더 잘 알게 되었고, 나 스스로를 돌보는 것이 중요하다는 걸 다시 한번 깨달았습니다.

다른 가족돌봄청년들과의 네트워킹도 위안이 되었어요. 가족돌봄청년들은 병원과 집을 오가느라 또래를 만나기 힘든데, 서울시 복지재단이 주관하는 가족돌봄청년 네트워크 '영케미'에 참여해 비슷한 상황의 다른 사람들과 교류할 수 있었죠. 친구들과 정보도 공유하고 여러 활동을 함께할 때면 숨 쉴 구멍이 생기는 느낌이었어요.

그런 경험이 삶에 어떤 영향을 미쳤나요?

이전까지는 내가 혼자서 모든 걸 책임져야 한다는 생각이 강했어요. 지원을 받으며 나 같은 사람들이 또 있다는 것, 혼자가 아니라는 것을 깨달았습니다. 또, 제가 엄연히 사회의 일원으로서 도움받고 있다는 걸 느낄 수 있었어요. 서울시가 든든한 버팀목이 되어 주는 느낌이랄까요.

다른 가족돌봄청년들에게 도움을 주기도 했어요.

아빠를 돌보며 안정된 직장에 다니기가 어려운 제 경험을 떠올리며 서울청년정책네트워크(청정넷)에 참여해 가족돌봄청년을 위한 취업 관련 정책을 제안했어요. 그게 엠보팅 mVoting(정책 수립 과정에서 시민들의 의견을 파악하고 참여를 유도하기 위해 서울시가 운영하는 온라인 투표 사이트)에 올라가 예산 편성이 되기도 했고요. 가족 돌봄 청소년들과 상담하고 이야기 나누는 봉사 활동도 했어요.

"나 같은 사람들이 또 있다는 것,
혼자가 아니라는 것, 엄연히 사회의
일원으로서 도움받고 있다는 것을
느낄 수 있었어요."

이렇게 가족돌봄청년으로서의 자신을 드러내고 활동하기까지는 고민도 있었을 것 같아요.

처음엔 드러내고 싶지 않았어요. 나는 나대로 잘 살고 있는데 괜히 동정을 받는 것 같아 싫었거든요. 아빠를 간병한다고 말하면 색안경을 쓰고 보는 것 같기도 했고요. 그런데 문득, 제일 힘들었던 저의 스무 살 무렵이 떠올랐죠. 밤새 간병하고 한숨도 못 잔 채 일을 나가고, 700원짜리 삼각김밥 하나를 사면서도 벌벌 떨던 때예요. 그때의 저와 비슷한 처지의 누군가가 지금의 저를 보고 용기를 얻을 수 있지 않을까 하는 생각이 들더라고요. 내가 도움을 받았으니 나도 다른 사람에게 도움이 되면 좋겠다는 마음이에요.

특히 기억에 남았던 반응이 있나요?

다른 가족돌봄청년들이 "나 혼자가 아니구나"라는 용기를 얻었다고 말씀해 주실 때가 참 뿌듯했어요. 어떤 분은 제 강연을 보고 처음으로 자신이 가족돌봄청년이라는 사실을 주변에 털어놓을 수 있었다고 연락을 주셨고, 또 어떤 분은 자신도 열심히 살면서 목소리를 내기로 결심했다고 말씀하셨죠. 어떤 정책이든 고도화되고 발전하기 위해서는 현장의 청년들 목소리가 반드시 반영되어야 한다고 생각하는데, 제 이야기가 개인의 경험을 넘어 다른 분들이 목소리를 낼 수 있는 계기가 되었다는 점이 보람 있었어요.

> 도움을 받으면서 도움을 주고 싶다는 마음도 커졌습니다. 가족돌봄청년임을 밝힌 것도, 시간이 나면 봉사 활동에 열심인 것도 그 때문입니다. 가족돌봄청년이라는 틀에 갇히고 싶지는 않습니다. 계속 꿈꾸고, 더 넓은 세상으로 나아가고 싶습니다.

스스로를 돌보는 것이 중요하다고 했는데, 자기 자신을 어떻게 돌보고 있나요?

내 인생의 주도권은 나 자신에게 있어야 한다는 것을 잊지 않으려 합니다. 돌봄을 지속하기 위해서는 힘이 있어야 하고, 그러려면 반드시 자기 자신을 돌봐야 해요. 그래서 여유가 생기면 짧게나마 나만의 시간을 보내려 노력해요. 혼자 좋아하는 음악을 들으며 산책을 하거나 도서관에 가서 책을 읽어요. 짬을 내 하고 싶었던 공부를 하고, 운동도 합니다. 일이 불규칙해 쉽지는 않지만, 밥도 잘 챙겨 먹으려 애씁니다. 봉사 활동도 열심히 하고 있어요.

> 보통 봉사 활동은 타인을 위한 일이라 생각되는데,
> 자기 자신을 돌보는 방법의 하나로 꼽은 것이
> 인상적이에요.

힘들고 우울할 때 봉사를 하면 내가 타인에게 그래도 작은 도움이나마 줄 수 있는 사람이라는 생각이 들어요. 봉사 정신이 투철한 아빠를 따라 어릴 때부터 봉사를 많이 다녔는데, 그게 습관이 되어 간병을 하면서도 시간이 날 때마다 봉사를 했습니다. 세브란스 병원에서 의료 통역 봉사를, 아름다운가게에서 자원 활동을 했어요. 서울시 청년 봉사단에서도 활동했고요. 봉사 덕에 어려운 상황에서도 자기 효능감을 얻고 자존감을 유지할 수 있었어요.

> 봉사 활동만이 아니라 일도 정말 열심히 했어요.
> 명함을 보면 아나운서, 리포터, 내레이션, 스피치
> 강의라 쓰여 있을 만큼 하는 일이 다양한데 어떻게
> 이렇게 많은 일들을 하고 있나요?

상황이 지금의 저를 만든 것 같아요. 외동이다 보니 의지할 사람도 딱히 없었고, 간병을 하며 불투명한 미래가 너무 불안했어요. 고깃집, 카페, 페스트푸드점, 편의점……. 처음엔 돈이 되는 대로 일했죠. 그러다 능력을 좀 더 키워야겠다는 생각이 들어서 아빠를 간병하면서도 할 수 있는 공부를 시작했어요. 학점은행제와 독학사로 학위를 취득하고 자격증도 여러 개 땄습니다. 막막해도 지금 내가 할 수 있는 일을 해 보자는 마음으로 이것저것 도전하다 보니 영상 편집, 일러스트, 번역 작업 등 할 수 있는 일의 범위가 조금씩 늘어났어요.

불안한 상황에서도 꿈을 잃지 않고 노력할 수 있었던 에너지는 어디서 나오나요?

아빠를 돌보다 보면 나 자신이 후순위로 밀릴 때도 있었지만 절대 포기하지는 않았어요. 나만의 길이 분명히 있을 것이라 믿고, 돌봄이 제 인생의 전부는 아니라는 걸 기억하며 어떻게든 경력을 쌓기 위해 노력했어요. 평범하게 대학을 졸업한 친구들에 비해 스스로 부족하다고 느꼈기 때문에 더 열심히, 시간을 쪼개서 효율적으로 사용하려 애썼죠. 물론 원래 밝은 성격도 한몫 했습니다. (웃음)

아버님을 돌보며 생활한 지 8년이 되었어요. 걸어온 길을 돌아봤을 때, 어떤 경험들이 지금의 나를 만들었다고 생각하나요?

"돌봄을 지속하기 위해서는
힘이 있어야 하고, 그러려면 반드시
자기 자신을 돌봐야 해요."

얼마 전 우연히 중고등학생 때 생활기록부를 보게 되었는데 장래 희망 적는 칸에 아나운서, 유엔 직원, 외교관 같은 직업이 쓰여 있더라고요. 완전히 잊고 있었는데 지금의 저를 보니 그때의 꿈과 똑같지는 않아도, 상상했던 모습에 어느 정도 가까워져 있어서 감사하고 신기했습니다. 돌아보니 점을 많이 찍어 뒀던 것 같아요. 자격증을 딴 것도, 공모전에 나간 것도, 다양한 경험을 하기 위해 노력했던 것도 다 점을 찍는 일이었죠. 저도 모르는 사이 그 점들이 연결되어 유의미한 실선이 되었다고 생각합니다.

> 갓 스무 살, 아는 사람 하나 없는 도시에서 아버지 간병을 시작해 어느덧 8년이 지났습니다. 계절이 바뀌고 나이를 먹으며 서울에서 만난 사람들과 기회들은 지금을 만들었습니다. 이제 서울은 낯선 도시에서 다정한 도시가 되었습니다.

어느덧 서울에 온 지 8년이 되었습니다. 서울의 첫인상을 기억하나요?

전혀 연고가 없는 낯선 도시였습니다. 어렸을 때 할머니한테서 눈 뜨고 있어도 코 베어 가는 곳이 서울이니 조심해야 한다는 말을 자주 들었거든요. 하지만 막상 살아 보니 좋은 사람들이 많았어요. 서울시의 다양한 청년 기관에서 일하는 분들, 청정넷에서 만난 제 또래의 청년들이 떠올라요. 다들 배울 점이 많았습니다.

지금은 서울을 어떤 도시라고 생각하나요?

'기회와 연결의 도시'라고 답하고 싶습니다. 여기서 다양한 사람을 만났고 그런 관계가 또 여러 기회로 이어지며 세상을 보는 시야가 넓어졌습니다. 내적으로도 단단해졌고요. 이곳에서 사회의 일원으로 자리 잡았다는 생각이 들어요.

고마운 분들과 대화하며 힘이 되었던 말은 어떤 말이었을까요?

평범하게 학교를 졸업하고 회사에 취직하는 친구들과 너무 상황이 다르니까, 가끔 이게 맞나 하는 생각이 들 때가 있어요. 뭣도 모르고 이것저것 닥치는 대로 하며 앞만 보고 내달린 것 같거든요. 그럴 때 주변 분들이 '너만의 길을 잘 가고 있다', '같은 상황에서 나라면 그렇게 못 했을 것 같다'며 다정하게 말씀해 주세요. 그런 이야기를 들으면 내가 그래도 잘 살고 있다고 느끼고, 감사한 마음이 듭니다.

'다정함'이란 무엇일까요?

서울에서 살아가며 제가 버틸 수 있었던 건 결국 누

"스스로를 사랑하고 격려할 줄 아는 사람, 나에게도 남에게도 더 다정한 사람이 되기를."

군가의 다정함 덕분이었습니다. 병원에서, 일하는 곳에서, 또 일상 속에서 마주한 크고 작은 다정한 마음들이 저를 여기까지 오게 한 것 같아요.

다정함은 특별하거나 거창한 것이 아니라, 아주 작은 말과 태도에서 시작된다고 생각해요. 나와 다른 생각을 가진 사람, 다른 가치를 지닌 사람을 대할 때도 다정함이 바탕이 된다면 우리는 더 쉽게 서로를 존중하며 살아갈 수 있겠죠.

앞으로 꿈꾸는 미래는 어떤 모습인가요?

정말 다양한 일을 해 왔는데 이제는 아나운서로서의 일뿐 아니라, 언어나 스피치를 가르치는 일에도 집중해 보고 싶습니다. 외국인에게 한국어를 가르치거나 한국인에게 외국어를 가르치는 사업에도 관심이 있어요. 일보다 더 큰 범위에서 이야기하자면, 결국에는 많은 사람에게 긍정적인 영향을 주는 사람, 제가 받은 도움을 사회에 환원할 수 있는 능력을 가진 사람이 되고 싶습니다.

마지막으로, 비슷한 또래의 가족돌봄청년들에게 전하고 싶은 말이 있다면 무엇일까요?

다른 사람을 돌본다고 해서 자기 자신을 너무 뒤로 미루지 말고 스스로를 돌보는 일도 열심히 했으면 좋겠습니다. 쉽지 않겠지만, 돌봄이 인생의 전부가 되지 않도록 꿈을 놓지 않고 그 꿈을 위해 꼭 시간을 들였으면 하고요. 우리는 모두 치열한 세상에서 다들 충분히 잘해 내고 있는 대단한 존재예요. 어떻게 보면 뻔한 말이지만, 스스로를 사랑하고 격려할 줄 아는 사람, 나에게도 남에게도 더 다정한 사람이 되기를 바란다는 말을 마지막으로 건네고 싶어요.

가족돌봄청년 지원

서울시는 가족을 돌보느라 학업이나 일, 개인 생활을 이어 가기 어려운 청년들을 지원하고 있다. 장애나 신체·정신 질환이 있는 가족을 돌보거나 가족의 생계를 책임지는 청년을 대상으로 하며, 만 9세부터 39세 이하 서울 거주자라면 신청할 수 있다. 군 복무를 마친 제대군인은 복무 기간을 고려해 최대 만 42세까지 지원이 가능하다.

가족을 돌보며 경제적 어려움이나 개인 생활의 제약, 학업·생계 활동 유지의 어려움, 문화·여가 활동의 제한 등을 겪는 경우라면 누구나 지원을 받을 수 있다. 지원 내용은 개인의 상황에 따라 다양하게 구성되며, 생계비·학습비·의료비 등 현금 지원과 공공주택 입주 자격 등 자원 연계가 포함된다.

이 밖에도 서울시는 가족돌봄청년 네트워크 프로그램인 영케미 네트워크를 운영하고 있다. 가족돌봄청년들이 직접 경험을 공유하고, 정책 제안, 콘텐츠 제작, 캠페인 기획 등 다양한 활동에 참여할 수 있다.

▶ 서울시 가족돌봄청년 지원
https://www.instagram.com/youngcarer_seoul/

다정한 노트   필사 노트

다른 사람을 돌본다고 해서 자기 자신을 너무 뒤로 미루지 말고 스스로를 돌보는 일도 열심히 했으면 좋겠습니다. 쉽지 않겠지만, 돌봄이 인생의 전부가 되지 않도록 꿈을 놓지 않고 그 꿈을 위해 꼭 시간을 들였으면 하고요. 우리는 모두 치열한 세상에서 다들 충분히 잘해 내고 있는 대단한 존재예요. 어떻게 보면 뻔한 말이지만, 스스로를 사랑하고 격려할 줄 아는 사람, 나에게도 남에게도 더 다정한 사람이 되기를 바란다는 말을 마지막으로 건네고 싶어요.

다정한 일기   나에게 묻는 질문

☞ 나에게 '버팀목'이 되어 준 사람이 있나요?

☞ 언제 '혼자가 아니구나' 하는 느낌이 드나요?

☞ 나 자신을 어떻게 돌보고 있나요?

☞ 내가 나에게 해 주고 싶은 격려의 말은 무엇인가요?

이주은 고맙다는 말,
여전히 멋지다는 말

든든한 친구

2019년 8월 새벽 6시, 경기도 김포 한강 하구의 한 갈대밭에서 '쾅' 하는 폭발음이 울렸다. 이 사고로 해병대 소초장이었던 그는 왼발을 잃는다. 그의 삶을 크게 흔든 것은 상실 자체보다 '이제 내 인생이 송두리째 달라질 것'이라는 두려움이었다. 그 두려움을 정면으로 통과한 그는 지금, 같은 상처를 가진 이들을 위해 서 있다. 서울시 청년부상제대군인 상담센터 실장으로, 그리고 부상 군인들의 명예 회복을 위해 목소리를 내는 한 명의 활동가로.

지뢰 사고 당시, 어떤 상황이었나요?

그날도 평소처럼 새벽에 예초기를 메고 나갔어요. 경계 작전에 방해가 되는 갈대를 제거해야 했거든요. 24시간 상황실 운영, CCTV 감시, 야간 초소 업무까지 인원이 늘 빠듯해 '내가 조금 더 고생하면 애들이 덜 힘들겠다' 싶어 비번 시간에 나가 작업을 했어요. 그날은 갈대밭에 물이 차 있었어요. "조금만 더 하고 내일 애들이랑 마무리하자" 싶던 찰나에 왼발을 딛는 순간 '쾅!' 소리가 났어요. 머리를 망치로 얻어맞은 것처럼 시야는 블랙아웃 되고, 귀에서는 '삐' 소리만 울렸죠. 열감이 오르던 오른발을 보니 멀쩡하길래 '다행이다' 싶었는데, 왼발을 봤을 땐 이미 형체가 무너져 있더라고요. 고통보다 공포가 먼저 왔어요. '이제 평생 장애인으로 살아야 하나?' 하는 생각이 파도처럼 밀려왔습니다.

그럼 바로 병원으로 이송이 된 건가요?

현장에 같이 있던 대원이 저에게 뛰어오려 하길래 오지 말라고 소리쳤어요. 제 상태를 보면 그게 또 평생 트라우마가 될까 봐 짧은 순간이지만 걱정이 되더라고요. 그래서 제가 밟아온 길을 더듬어서 혼자 기어 나왔고, 대원에게는 부소초장에게 보고를 올리라고 지시했어요. 근처 병원에서 응급 처치를 받고, 헬기를 타고 분당에 있는 국군 수도병원으로 이송이 됐습니다. 수술 전 검사를 하던 중에 갑자기 몸이 떨리더니 쇼크 상태가 와서 바로 수술을 받게 되었어요.

삶이 완전히 달라졌다고 느꼈을 것 같아요.

사실 병원에 있을 땐 실감이 덜 했어요. 사람들이 와서 "영웅이다" 추켜세워 주고, 가족들도 꿋꿋한 척하니까요. 그러다 처음 외출을 나와 목발을 짚고 신호등 앞에 섰을 때였어요. 보행자 신호 불이 깜빡이는데, 예전 같으면 그냥 뛰면 되잖아요. 근데 이제는 뛸 수가 없는 거죠. 그대로 멈춰 서서 다음 신호를 기다려야만 했어요. 그때 '아, 내 삶이 정말 달라졌구나' 하고 온몸으로 느꼈습니다.

사고 이후에 마음을 붙잡게 된 계기가 있었나요?

사고 직후엔 왼발 절단 부위를 제대로 볼 용기가 안 생기더라고요. 드레싱할 때도 아예 가려 달라고 했죠. 그러다 사고 약 한 달 정도 후에 처음으로 절단 부위를 봤는데, 속으로 "내 인생 망했나?" 싶은 생각밖에 안 들더라고요. 그런데 그 무

> **"넌 이제 다친 사람들을 이해할 수 있는 사람이 됐고, 그래서 더 멋있는 사람이야."**

렵에 한 친구가 이렇게 말해 줬어요. "너 안 다쳤으면, 다친 사람들의 마음을 평생 이해 못했을 거야. 근데 넌 이제 그들을 이해할 수 있는 사람이 됐고, 그래서 더 멋있는 사람이야." 그 말이 이상하게 저를 붙잡아 줬습니다. '아, 이 사고가 나를 다른 길로 데려가고 있구나' 싶었죠. 돌아보면 그 말이 지금의 이 상담 센터까지 오게 만든 시작점이 아닐까 싶어요.

병원 생활을 하면서 가장 힘들었던 건 무엇이었나요?

중환자실 면회 시간이요. 엄마가 들어오시는데 제가 울면 안 되잖아요. 괜찮은 척, 꿋꿋한 척해야 했어요. 사실은 속이 무너져 내리는데요. 나중에 들은 얘기지만 제가 깨어나기도 전에 엄마가 충격으로 잠깐 쓰러지셨다고 하더라고요. 부대 지휘관분들이 왔을 때는 죄책감 때문에 참았던 눈물이 터졌어요. '내 사고 때문에 부대가 조사받고 작전에 차질 생기면 어떡하지' 하는 마음이 들었거든요. 돌아가시면서 대원들이 쓴 편지를 전해 주고 가셨는데, "사고 당일 새벽에 화장실에서 인사 못 드려 죄송하다"는 대원도 있었고, "전역하면 가신다던 산티아고 순례길, 여전히 갈 수 있다고 믿는다"고 말해 준 대원도 있었어요. 편지들을 읽으면서 하루 종일 울다가 웃었어요.

> 사고 이후 삶은 완전히 달라졌습니다. 병실에서는 영웅으로 불렸지만, 더 이상 횡단보도에서 뛸 수 없다는 사실을 깨닫는 순간 냉혹한 현실이 느껴졌습니다. 절단 부위를 처음 마주했을 당시의 절망은 컸습니다. 그러나 주위의 따뜻한 말과 시선이 그를 붙잡았습니다. 상처는 무너짐이 아니라 다른 길로 이어지는 출발점이 되었습니다.

퇴원하고 군으로 복귀한 후에는 어떤 변화가 있었나요?

수술 후 6개월 정도 재활하고 부대로 복귀했어요. 지뢰를 밟고도 부하들을 먼저 살폈던 걸 인정받아 국방부에서 '위국헌신상爲國獻身賞'도 받았죠. 그런데 복귀하고 나서 보니 부상 군인의 현실이 보이더라고요. 저는 다치면 자동으로 국가유공자가 되는 줄 알았어요. 아니었죠. 신청 자체가 전역을 해야만 가능했고, 등급 외 판정을 받으면 몇 년씩 아무 지원을 못 받는 공백이 생길 수밖에 없더라고요. 발가락 두 개까지는 절단 사고를 당해도 보상받지 못한다는 사실도 그때 알았습니다. 저도 임관 전까지는 제가 다칠 거라고 생각하지 못했어요. 부상당한 친구들도 눈에 보이지 않았고요. 그런데 지뢰를 밟고 나니 그제야 매년 1000명에 가까운 인원들이 군 복무 중 다치고 전역한다는 사실을 알게 되었습니다.

그래서 서울시 청년부상제대군인 상담센터 설립을 제안하게 됐나요?

지뢰를 밟고 목숨을 잃을 뻔한 상황에서 다시 살아난 만큼 앞으로 더 가치 있는 삶을 살아야겠다 스스로 다짐했는데요. 2021년 6월 25일 한국전쟁 71주년이던 날에 현충원에서 서울시장님과 만날 수 있는 자리가 있었어요. 당시엔 현역 신분이었어서 조심스러운 마음도 있었지만, 용기 내서 부상 제대 군인을 위한 센터 설립을 제안드렸고, 이후 전역을 했습니다. 서울시의 검토 끝에 마침내 2022년 3월, 전국 최초의 청년부상제대군인 상담센터를 설립하게 되었습니다.

처음 센터 설립을 제안할 때 떠올린 밑그림은 어떤 거였나요?

"'다음'을 알려 주는 사람이
없었어요. 앞으로 뭘 해야 하는지,
어디로 가야하는지요."

사고 이후 제가 가장 힘들었던 건 저의 '다음'을 알려 주는 사람이 없다는 거였거든요. 앞으로 뭘 해야 하는지, 어디로 가야 하는지, 어떤 제도가 있는지 같은 것들요. 그래서 센터를 만들 때 맨 먼저 '원스톱 안내 창구'로서 역할을 충실히 하는 곳으로 만들어야겠다는 생각을 했었어요. 설립 초기엔 공유 오피스에 책상, 의자 4개만 두고 문을 열었는데, 내담자들이 천천히 다시 일상으로 회복하는 모습을 보면서 확신했던 것 같아요. 단 한 명을 위해서라도, 이곳은 꼭 존재해야 한다고요.

그럼 청년부상제대군인 상담센터에서는 구체적으로 어떤 일들을 하고 있나요?

크게 네 가지 사업을 하고 있어요. 첫 번째로는 군 복무 중에 다친 경우 받을 수 있는 보상과 관련한 법률 지원이고요, 두 번째로는 트라우마 회복을 위한 심리 지원, 세 번째는 사회 복귀를 위한 취업 지원, 그리고 마지막으로는 부상 제대 군인의 인식 개선을 위한 보훈 선양 사업을 하고 있습니다. 일의 형태는 조금씩 다르지만, 결국 센터가 하는 일을 딱 한마디로 정의하자면 "부상 제대 군인이 혼자가 아니게 만드는 일"이라고 할 수 있어요.

> 보상에 대한 지원만큼이나 부상 군인들의 심리적 지원이 정말 중요할 것 같은데요.

맞아요. 그래서 개인 상담은 물론이고, 자조 모임도 꾸준히 열고 있어요. 영화 「아메리칸 스나이퍼」를 보면 주인공 카일이 전쟁에서 복귀한 뒤, 다친 전우들과 함께 모여 대화 나누는 장면이 나와요. 저격수였던 그가 사격을 가르쳐 주면서 자연스럽게 회복하는 과정도 나오고요. 그 장면을 보면서 '우리나라에는 왜 저런 게 없을까?' 하는 생각이 들더라고요. 그게 지금 센터의 자조 모임으로 이어졌습니다. 외상 후 스트레스 장애나 불면, 분노 같은 문제를 가진 분과 그 가족들이 모여 서로 이야기를 나누면서 "아, 나만 이런 게 아니구나" 하고 느끼는 자리가 되는 거죠. 전문 상담사 선생님께서 참여해 중증·경증 그룹으로 나눠 운영합니다. 그 안에서 누군가는 처음으로 자기 얘기를 꺼내 놓기도 하고, 또 누군가는 그 이야기에 눈물을 흘리고 고개를 끄덕이며 공감도 해요.

> 센터의 출발은 소박했습니다. 책상과 의자 몇 개뿐이었지만, 그 공간은 곧 회복의 거점이 되었습니다. 법률과 심리, 취업과 인식 개선까지 네 갈래의 지원이 한 곳에서 이뤄집니다. 무엇보다 중요한 것은 '부상 제대 군인이 혼자가 아니다'라는 사실을 경험하게 하는 일입니다.

> 센터에서는 연극 같은 문화 활동도 진행하는 걸로 알고 있어요.

나라를 위한 희생과 헌신을 기억하는 사업의 일환이라고 할 수 있어요. 단순히 상담실 안에서만 일을 하는 게 아니라, 우리들의 이야기를 바깥 세상에 더 크게 알리는 거죠. 2010년 11월에 발생한 연평도 포격전을 소재로 2023년 「사운드」라는 연극을 무대에 올렸어요. 실제 연평 부대에서 근무하던 중 포격전에서 파편에 맞아 부상을 당한 저희 센터 이한 주임이 주인공 역을 맡았어요. 당사자와 가족들이 함께 관람하며 상처를 치유해 나가는 소중한 경험이었죠. 그리고 작년엔 이 이야기를 더 넓혀 「연평」이라는 제목으로 다시 한번 공연했어요. 특히, 실제 배경인 연평도에서도 무대를 선보여 더 뜻깊은 시간이었습니다.

> 그동안 여러 내담자들을 만났을 텐데, 첫 내담자와의 만남은 어떤 느낌이었나요?

첫 내담자는 가혹 행위를 당한 어느 제대 군인의 어머니셨어요. 센터 문을 열고 들어오시는 순간, 무너져 내린 표정이라는 게 이런 거구나 싶었어요. "왜 우리 아들이 이런 일을 겪어야 하냐"는 울분과 절망이 뒤섞인 눈이 기억납니다. 첫 방문 이후로도 계속 상담해 드리고, 자조 모임도 같이 참여하면서 어머니 눈빛이 조금씩 안정을 되찾아 가는 것 같았어요. 당사자도 점점 마음을 회복해 멈췄던 학업을 다시 시작했어요. 졸업하고, 취업까지 해 지금은 독립한 상태고요. 상담은 문제를 해결하는 기술만이 아니라 다시 살아 보자고 손을 내미는 과정이라는 사실을 다시 한번 배웠어요.

회복하기까지 가족의 역할도 정말 크겠네요.

상담은 당사자만 한다고 끝나는 게 아니에요. 저는 가족 상담이 아주 중요하다고 생각해요. 당사자가 회복하려면 가족이 먼저 회복돼야 하거든요. 저도 사고를 당했을 때 제 발보다 더 크게 다친 건 어머니 마음이었다고 생각해요. 그래서 센터를 만들 때부터 가족 심리 지원은 반드시 포함해야 한다고 강조했어요. 지금은 당사자뿐 아니라 부모, 배우자, 형제자매까지 함께 상담을 받고 있습니다. 곁에서 울지 않고 버텨 주려면, 주변 사람들 역시 돌봄과 지지가 필요하니까요.

기억에 남는 내담자 사례를 꼽을 수 있을까요?

여군 대위였는데 흔히 말하는 간질, 뇌전증 진단을 받았어요. 약을 꾸준히 먹어야 발작이 안 오는데, 등급 판정을 받으려면 약을 끊고 증상을 입증해야 한다는 벽이 있었습니다. 치료를 중단해야 등급을 받을 수 있는 아이러니한 상황이었죠. 그분과는 지금까지도 안전을 해치지 않으면서 제도적 요구를 충족하는 방법이 무엇인지를 정말 오랜 시간 함께 고민하고 있어요.

그리고 한 번은 악성 민원인에 가까운 분도 만났어요. 처음부터 다짜고짜 "너희 같은 데 다 사기야"라며 소리를 지르셨죠. 저는 그분 앞에서 제 의족을 벗고 절단 부위를 보여 드렸어요. "저도 여기서부터 다시 시작했습니다. 처음부터 같이 해 보시죠." 그제서야 차분하게 이야기를 꺼내시더라고요. 결국 정기 상담으로 전환했습니다. 사실 공격성 뒤에 있는 건 대개 상실감과 두려움이거든요.

마음을 어루만져 주는 상담이 필요할 것 같아요.

저는 '됩니다', '안 됩니다' 같은 단정적인 표현을 거의 안 씁니다. 대신 "이 길로 가면 이런 결과가 오고, 저 길로 가면 저런 비용이 듭니다. 함께 결정해 봅시다"라고 해요. 그 모호함이 내담자에게 선택의 주도권을 돌려줍니다. 그리고 "다 괜찮아질 거예요" 같은 빈말은 하지 않는 대신, "혼자 두지 않겠습니다"라는 지지의 말을 보태죠.

처음엔 다들 분노와 억울함을 안고 오세요. 근데 깊이 대화하다 보면 결국 "인정받고 싶다"는 마음으로 모입니다. 나라를 지키다 다쳤다는 사실을 국가와 사회가 제대로 인정해 주길 원하는 거예요. 보상은 제도나 법령이 바뀌면 어느 정도 해결되지만, 명예는 사람들의 인식, 언어에서 옵니다. "고생했다", "나라를 지켜 주어서 고맙다" 같은 몇 마디가 삶을 버티게 하죠. 결국 그분들의 명예를 되찾는 일이 무엇보다 중요할 거 같아요.

삶을 버티게 해 주는 말 한마디를 직접 들어 본 적이 있을까요?

2023년 4월, 대통령 방미 일정에 제가 보훈 인사로 미국에 간 적이 있어요. 일정 중에 만찬이 있었고, 그때 지뢰 사고로 왼발을 잃은 후 지금은 부상 제대 군인들을 돕는 일을 하고 있다는 제 이야기를 짧게 스피치할 기회가 있었어요. 스피치를 끝내고 화장실에 다녀왔는데 어떤 교포 한 분이 저를 기다리고 계시더라고요. 그러고는 포옹을 하시면서 "나라를 지켜 주셔서 감사합니다"라고 말씀해 주셨어요. 당시는 제가 다친 지 4년쯤 지난 시점이었는데요. 그동안 저 스스로도 나라를 지키다 다

"공격성의 뒤에 있는 건 대개 상실감과 두려움이거든요."

쳤다는 생각을 안 하고 있었더라고요. 걱정의 말은 무수히 들어왔지만 고맙다는 말을 들은 것도 처음이었고요. 그 순간, 명예라는 단어가 추상적인 것에서 뭔가 구체적이고 실체가 있는 것으로 저에게 확 다가왔어요.

명예 회복은 어떤 방식으로 이뤄져야 할까요?

명예는 내가 "나는 명예롭다"라고 말해서 얻어지는 게 아니더라고요. 누군가의 진심 어린 인정과 '고맙다'는 말 한마디 속에서 조금씩 쌓이는 거예요. 미국에서는 군인을 보기만 해도 "Thank you for your service(당신의 헌신에 감사드립니다)"라고 인사하는 문화가 있잖아요. 제가 경험했던 것처럼요. 한국도 언젠가는 군인에게 그런 말을 건네는 게 자연스러운 사회가 되어야 한다고 생각해요. 그래서 저는 기차역 같은 곳에서 군인들을 보면, 커피라도 사주려고 해요. 어떤 군인은 고맙다고 받았고, 어떤 군인은 어색해하며 거절했죠. 그만큼 아직은 낯선 문화예요. 저도 말 꺼낼 때마다 떨리지만, 누군가는 시작해야 바뀐다고 믿습니다.

물론 사회의 인식이 바뀌기만을 기다릴 수는 없어요. 저는 부상 군인 스스로도 사회의 일원으로 다시 돌아갈 수 있도록 노력하고, '나는 여전히 멋있다'는 걸 보여 줘야 한다고 생각합니다. 제가 운동을 계속하는 이유도 그겁니다. 실제로 인빅터스 게임(세계 상이군인 체육대회)에 나가서 조정 종목 메달을 따기도 했고요. 당시에 휠체어에 앉은 한 선수가 벤치프레스 200kg을 들어 올리는 걸 보며 받았던 충격을 잊지 못해요. 다리가 없는 분이었지만, 그 순간 누구도 안타깝다고 보지 않았습니다. "와, 진짜 멋있다"라고만 느꼈어요. 저는 부상 군인들이 아픔을 딛고 당당하게 일어서야 한다고 생각해요.

저도 장애인 조정을 시작하면서 '다리가 없어도, 달리지 않아도, 이렇게 땀을 쏟을 수 있구나'라는 걸 알게 됐어요. 지금은 크로스핏도 병행합니다. 집에는 로잉 머신을 두고 밤마다 20분씩 타며 몸을 관리해요. 이런 경험을 후배들에게 알려 주고 싶습니다. "다쳤다고 끝이 아니다, 아직 할 수 있는 게 많다." 장애인 체육은 그 자체로 극복의 과정이고, 몸으로 회복하면서 스스로도 명예를 되찾는 길이라고 믿습니다.

결국 명예는, 사회가 군인에게 "고맙다" 말하는 문화와, 당사자가 "나는 여전히 멋있다"라고 증명하는 자기 회복이 함께 갈 때 비로소 완성된다고 생각합니다.

> 명예 회복은 부상 군인 스스로의 회복으로부터 시작됩니다. 운동이든, 무대 위의 활동이든 자신이 여전히 할 수 있다는 믿음을 되찾는 것이 중요합니다. 그 연장선에서 부상 군인들이 함께 어울려 음악으로 존재를 드러내는 오케스트라를 준비하고 있습니다. 음악은 사람의 마음을 움직이는 또 다른 언어이기 때문입니다.

앞으로 꼭 이루고 싶은 목표나 꿈이 있다면요?

부상 제대 군인 오케스트라를 만드는 겁니다. 음악이라는 건 또 다른 언어라고 생각해요. 말로는 못 하는 것들을 음악으로 표현할 수 있고, 그것이 사람 마음을 움직입니다. 나라를 지키다가 다쳐서 장애인이 된 사람들이 모인 오케스트라는 아직 우리나라는 물론, 세계적으로도 찾을 수 없더라고요. 한번 상상해 보세요. 양쪽 다리를 잃은 친구가 무대에서 트럼펫을 불고, 휠체어에 앉은 동료가 바이올린을 켜고, 또 다른 친구들이 함께 소리를 만들어 내는 장면을요. 그 자체로 너무 강렬한 울림이 될 것 같아요. 지금은 내담자들이 먼저 "오케스트라 언제 시작해요? 빨리 했으면 좋겠어요" 하고 물어요. 당사자들 스스로도 간절히 원하고 있어서, 빠른 시일 내에 시작할 계획입니다. 음악을 통해서 우리도 이렇게 멋지다고, 잘 극복하고 회복할 수 있다고 꼭 보여 주고 싶어요.

서울은 나에게 어떤 도시일까요?

서울은 전국에서 제일 먼저 이 센터를 만들었어요. 그 용기와 속도가 저는 참 고마워요. 여기서 한 발만 더 나가면 좋겠습니다. 행정 지원·상담을 넘어서, 시민들이 함께 "고맙다", "수고 많았다" 말해 주는 도시요. 다정하고, 든든한 도시가 될 것이라 기대합니다.

'다정함'이란 어떤 의미인가요?

김태성 전 해병대 사령관님이 해 주신 이야기가 기억에 남습니다. 젊은 시절 주한미군과 함께 근무하실 때, 함께 일하던 미군이 파병을 나가게 됐다고 합니다. 아내와 아이가 있는 상황인데도 전혀 불안해하지 않았대요. "죽을 수도 있지 않냐"는 질문에 그는 이렇게 답했답니다. "내가 죽어도 우리나라가 내 가족 끝까지 책임져 줄 거라는 믿음이 있다."

저는 이런 믿음이 바로 다정함이라고 생각합니다. 군인이 목숨 걸고 임무를 수행할 수 있는 건 단순한 개인의 용기 때문만이 아니라, 내 뒤에 가족을 책임져 줄 사회와 국가가 있다는 확신이 있기 때문이죠. 다정함은 제도와 정책을 넘어서는 감정이에요. 누군가 나와 내 가족을 끝까지 지켜 줄 거라는 믿음, 그

"나라를 지켜 줘서 정말 고맙습니다."

리고 동료와 사회가 옆에서 함께 버텨 주는 마음. 그게 있어야 군인도, 가족도, 또 우리 사회도 절망 속에서 다시 일어설 수 있습니다.

후배 제대 군인들, 그리고 지금 복무 중인 군인들에게 전하고 싶은 말이 있다면요?

저는 군에 들어서는 순간 누구나 잠재적 부상 군인

이 된다고 생각합니다. 특수한 환경 속에서 훈련하고 작전하다 보면, 누구든 다칠 수 있어요. 저처럼 작업하다가 스스로의 책임으로 다칠 수도 있고, 버스 전복 같은 본인이 전혀 통제할 수 없는 사고로 다칠 수도 있습니다. 그렇기 때문에 제도는 더 넓어져야 하고, "군에서 다치면 국가는 반드시 책임져 준다"는 믿음을 국가가 실제로 보여 줘야 합니다. 그래야 국방의 근간이 바로 설 수 있다고 생각합니다.

먼저 현역 후배들에게 꼭 말해 주고 싶어요. 군에 간다는 건 단순히 시간 낭비가 아닙니다. PX병이든 행정병이든, 그 자리에서 있는 것만으로도 군이 돌아가고, 결국은 나라를 지키는 일입니다. 군 복무를 통해서 우리 가족이 평안하게 살 수 있다는 걸 잊지 않았으면 해요. 그래서 저는 후배 군인들에게 이렇게 말하고 싶습니다. "나라 지켜 줘서 정말 고맙다."

그리고 다친 후배 부상 군인들에게는 이렇게 말하고 싶습니다. 힘들겠지만, 당신의 희생 때문에 지금의 대한민국이 있습니다. 그러니 부상 자체를 부끄러워하지 말고 자부심을 가지셨으면 합니다. 명예라는 건 추상적인 게 아니라, 바로 당신의 몸과 삶 속에 있습니다. "정말 고맙습니다." 그리고 "절망하지 마세요." 다쳤기 때문에 더 멋있는 사람이 될 수 있고, 더 나은 삶을 만들 수 있다고 전하고 싶습니다. 우리 같이 이 길을 이겨 나가자고, 그렇게 손을 내밀고 싶습니다.

청년부상제대군인 상담센터

청년부상제대군인 상담센터는 군 복무 중 부상을 입고 제대한 청년들이 합당한 보상과 지원을 받을 수 있도록 돕고, 사회 복귀를 지원하는 원스톱 통합지원기관이다. 2022년 3월 전국 최초로 문을 열었다.

센터에서는 법률, 심리, 취업·창업 등 다양한 분야의 지원을 제공한다. 법률 지원으로는 보훈대상자 등록 신청, 상이등급 조정, 행정심판 및 소송 지원 등이 포함되며, 서울사회복지공익법센터와 연계한 법률 자문도 가능하다.

심리 상담 및 자조 모임 지원을 통해 외상 후 스트레스 장애(PTSD) 전문 상담사가 1:1 상담을 진행하고, 독서 모임·봉사 활동·특강 등 심리 재활 및 자립 역량 강화 프로그램을 운영한다. 취업·창업 지원으로는 서울시 일자리 프로그램과 연계한 멘토링·직업 교육·인턴십 기회 제공, 창업 희망자 대상 컨설팅 및 맞춤 멘토링 등이 있다. 이 밖에도 보훈 문화 확산 활동으로 영상·연극 등 콘텐츠 제작, 심포지엄 및 학술 행사 개최, 군·보훈 단체 등 유관 기관과의 협력 사업을 추진하고 있다.

▶ 청년부상제대군인 상담센터 ☎ 02-6354-2030

다정한 노트　　　　　　　　필사 노트

포옹을 하시면서 "나라를 지켜 주셔서 감사합니다"라고 말씀해 주셨어요. 당시는 제가 다친 지 4년쯤 지난 시점이었는데요. 그동안 저 스스로도 나라를 지키다 다쳤다는 생각을 안 하고 있었더라고요. 걱정의 말은 무수히 들어왔지만 고맙다는 말을 들은 것도 처음이었고요. 그 순간, 명예라는 단어가 추상적인 것에서 뭔가 구체적이고 실체가 있는 것으로 저에게 확 다가왔어요.

다정한 일기   나에게 묻는 질문

☞ 상처가 나를 더 단단하게 만든 경험이 있나요?

☞ 앞으로 내가 가고 싶은 '다음'은 어디인가요?

☞ 두려움을 극복하게 해 준 누군가의 한마디를 떠올려 보세요.

☞ 고맙다고 말하고 싶은 사람이 있나요?

여름
Summer

가능성이 열리다

여름 — 가능성이 열리다

　창가의 초록이 짙어지는 입하를 지나 소만이 되면, 따사로운 볕이 내리쬐기 시작합니다. 태양이 가장 높이 떠오르는 하지에는 뜨거운 공기가 밀려듭니다. 모든 것이 제 속도를 다해 자라나는 계절, 여름입니다. 멈춰 있던 것들이 방향을 바꾸고, 새로운 자리를 찾아 나섭니다.

　어려운 가정 형편으로 학업이 아닌 취업을 택했던 친구는 돈을 벌기 위해 진학한 특성화고에서 공부의 재미를 발견했습니다. 기초도 없었고, 학원비도 부족했지만, '공부하고 싶다'는 마음만은 컸습니다. 공부를 하기로 마음먹고 주위에 도움을 구하기 시작하자 기회는 열렸습니다. 결국 서울의 대학에 진학한 그는 도움을 구할 용기가 있다면, 어디서든 희망을 발견할 수 있다는 사실을 배워 나가고 있습니다.

　또 한 친구는 산악 여행 가이드로 일하며 오랫동안 거친 산길을 안내했습니다. 코로나19라는 예기치 않은 어려움이 닥치자, 그는 망설이지 않고 새로운 길을 찾기로 했습니다. 전공도 경험도 전혀 없던 분야였지만, 낯선 언어와 기술을 익히며 자신만의 속도로 헤쳐 나갔습니다. 배우는 즐거움은 두려움을 밀어냈고, 이제 그는 기획자로서 스스로의 길을 만들어 가고 있습니다.

성장에는 완벽한 타이밍이 없습니다. 뜨거운 마음이 이는 그 순간이 바로 성장의 시작이 됩니다.

그 마음이 이어질 수 있도록 곁에서 함께 걸어 주는 친구들이 있다면 어떨까요? 새로운 길을 찾는 사람에게 필요한 방향을 보여 주는 공동체가 있다면요? 뜨거운 계절을 지나며 성장하는 이들의 곁에서 함께 걷는 도시가 있기에, 사람들은 배우고 버티며 자신만의 길을 완성해 갑니다.

서문민경   나를, 세상을 배우는 시간

꿈꾸는 친구

가정 형편이 어려웠던 소녀는 일찌감치 철이 들었다. 중학생 때부터 하루빨리 취업해 돈을 벌어야 한다는 생각뿐이었다. 그렇게 진학한 특성화 고등학교에서 공부에 재미를 느낀 것은 뜻밖의 사건이었다. 문득 대학 생활이 궁금해졌다. '해야 한다'로 가득했던 머릿속에 '하고 싶다'는 마음이 싹트기 시작했다. 부족한 학습, 부담스러운 학원비에도 좌절하지 않았다. 어떻게든 벽을 뛰어넘기 위해 필요한 것을 적극적으로 찾아 나섰다. 세상은 도움의 손길을 내밀었다. 어느덧 대학교 3학년이 된 지금, 그 시절은 '힘들었지만 그만큼 많은 것을 배웠던 시간'으로 남아 있다.

**반갑습니다. 요즘 대학 생활은 잘하고 있나요?
일상이 궁금합니다.**

대학 3학년 1학기를 마치고 휴학을 했어요. 지금이 아니면 할 수 없을 것 같은 것들을 해보고 있습니다. 취업에 필요한 공부도 하고요. 평소 의료계에 관심이 있던 터라 병원에서 아르바이트도 하고 있습니다. 지금은 경제학을 전공하고 있지만 고등학교에 진학할 때는 간호사가 될 생각도 있었거든요.

**간호학과가 아니라 지금의 경제학과를 선택한
이유가 궁금해요.**

제가 특성화 고등학교를 졸업했는데 전공이 회계금융경영과였기 때문에 자연스레 대학 전공도 경제학을 선택했어요. 고등학교 진학할 때는 간호 계열을 희망했는데, 간호사가 되려면 간호대에 가서 간호사 국가고시를 통과해야 하더라고요. 반면 회계금융경영과는 졸업 후 바로 취업이 가능했어요. 어느 회사에나 회계 직무는 있다는 선생님 말씀을 듣고 취업을 고려해 전공을 택했습니다.

특성화 고등학교를 선택하게 된 배경도 들어보고 싶어요.

중학생 때 방황했어요. 학교도 잘 안 나가고. 고등학교 진학할 때 내신이 너무 나빴어요. 선생님이 인문계보다 특성화 고등학교에 가기를 권했죠. 저도 어려운 집안 사정을 알고 있었기에 내가 집안을 책임져야 한다, 어떻게든 빨리 취업해야 한다는 생각이 컸어요. 그렇게 특성화고에 진학했습니다. 그때까지만 해도 대학에 갈 생각은 없었어요.

대학을 가야겠다고 마음먹은 계기는 무엇이었나요?

특성화고 안에서도 좋은 곳에 취업하려면 공부를 잘해야 해요. 학교에 공부하는 학생이 많지 않아서 제가 조금만 공부해도 금방 성적이 확 오르더라고요. 그때 공부의 재미를 느꼈죠. 전공을 살려서 대학에 가볼까? 남들 다 하는 대학교 생활을 나도 해보고 싶다는 생각을 하며 대학 진학을 꿈꾸게 되었습니다.

기초가 없는 상태에서 대학 입시를 준비한다는 게 쉽지 않았을 듯해요.

학교에서 수능 준비를 따로 하지는 않아서 과외를 받거나 학원을 다녀야 했어요. 경제적으로 부담스러웠죠. 학원에 전화해서 기초생활수급자를 위한 할인 제도가 있는지 물어봤지만, 그런 건 없다는 대답뿐이었어요. 포기해야 하나 생각도 들었죠. 그 무렵 서울런(서울시가 운영하는 취약계층 대상 교육 플랫폼)을 알게 되었습니다.

그때는 지금만큼 서울런이 잘 알려지지 않았을 때인데, 어떻게 알게 되었는지, 첫인상은 어땠는지 궁금해요.

당시에 한국토지주택공사LH에서 전세 지원을 받고 있었는데, 필요한 행정 처리를 제가 하면서 자연스럽게 알게 되는 저소득층 복지 관련 정보들이 있었어요. 서울런도 그중 하나였지요. 평소 EBS에서 인강을 듣곤 했는데 최신 것보다는 예전에 녹화해 둔 강의가 많아요. 처음엔 서울런도 비슷할 것 같아서 큰 기대가 없었어요. 막상 홈페이지에 들어가보니 최신 강의도 많고, 돈 내고 수강하는 학생과 똑같이 유명 강사의 수업을 들을 수 있어서 놀랐습니다.

대학 진학이 간절하지만 공부가 막막하던 시기에 알게 된 서울런은 새로운 희망이 되어 주었습니다. 2022년, 취업만이 답이라고 생각하던 중학생은 건국대학교 경제학과 신입생이 되었죠. 학생회를 거쳐 과 학생회장까지 역임하며 그토록 원하던 대학 생활을 만끽했습니다.

서울런을 알게 되고 어떻게 공부했나요?

낮에는 장학생으로 관리형 독서실에 가고, 저녁에는 온라인 강의를 들으며 공부했습니다. 열심히 들었지만, 아쉽게도 수능은 포기해야 했어요. 코로나가 터진 이후 집에만 있는 시간이 길어지며 앓고 있던 우울증이 더 악화되었거든요. 내신 성적은 어느 정도 마무리되어서 다행이었지만, 치료와 수능 공부를 병행하려니 몸이 감당할 수 없을 만큼 힘들어졌습니다.

수능을 치지 못해서 아쉬웠을 것 같아요.

수능 준비가 아니더라도 서울런은 잘 이용했어요. 제가 책을 좋아하는데 서울런에서 전자책 지원을 해줘서 여러 권을 봤고요. 대학에 와서 투자자산운용사 자격증 공부를 할 때도 서울런에서 강의를 들었습니다. 서울런을 만나고 내가 혼자가 아니라는 것을 실감했어요. 언니가 장애를 갖고 있고 집안

"내가 집안을 책임져야 한다, 어떻게든 빨리 취업해야 한다는 생각이 컸어요. 대학에 갈 생각은 없었어요."

형편도 어렵다 보니 어릴 때부터 무엇이든 알아서 하는 게 익숙하고 또 당연하다고만 생각했거든요. 그런데, 세상엔 나를 도와주는 사람들도 있더라고요.

> 노력 끝에 사회적 배려 대상자 전형으로 건국대학교 경제학과에 합격했어요. 합격 소식을 들었던 순간을 기억하나요?

수시로 원서를 여러 군데 넣었는데 건국대는 전혀 기대도 안 하고 있던 곳이에요. 합격 발표 날 학교 홈페이지에 들어가 볼 생각도 안 했을 정도로요. 늦게 일어나 화장실에 갔다가 문자를 보고 나서야 합격 사실을 알게 되었어요. 합격이라는 두 글자를 보고도 믿기지가 않았던 기억이 납니다.

> 꿈에 그리던 대학 생활은 어땠나요?

생각했던 것보다 더 재밌었어요. 동기들과 수업을 듣고, 공강 시간이면 따릉이 타고 가까운 한강 공원도 다녀오고요. 짧게 여행을 다녀오기도 했죠. 고등학생 때 로망이라고만 생각했던 것들을 즐길 수 있었습니다.

> **"무엇이든 알아서 하는 게 익숙하고 또 당연하다고만 생각했거든요. 그런데, 세상엔 나를 도와주는 사람들도 있더라고요."**

서울에서 대학 생활을 하며 특히 기억에 남는 장소가 있나요?

자취를 하던 학교 주변이 익숙하고 기억도 많습니다. 학생회 뒤풀이로 자주 갔던 식당들과 학교에서 가까워 자주 찾았던 뚝섬이 떠오르네요. 대학에 오면서 새로운 친구도 많이 사귀고 심리 상태도 좋아졌어요. 학생회 활동을 하고 저희 과 학생회장까지 했으니까요. 서울이 여러 가지로 저를 바꿔 놓았죠.

학생회장까지 하다니 원래 적극적이고 활달한 성격인가요?

원래는 조용한 성격이에요. 이왕 대학에 온 거 대학 생활을 최대한 즐기고 싶다는 마음에 용기를 냈습니다. 고민하다가 학생회 지원 마감일에 지원서를 냈죠. 1,2학년 때는 부원으로 지내면서 이게 대학 생활이구나 체감했던 것 같아요. 그러다가 회장까지 하게 되었습니다. 후보가 없어서 비상대책위원회가 꾸려질 상황이었는데 주변 권유로 아무것도 모르고 나갔다가……. (웃음)

> 물론 대학 생활이 마냥 즐겁기만 했던 것은 아니었습니다. 전공 수업은 종종 따라가기 벅찼고, 고등학생 때부터 앓았던 우울증도 여전했습니다. 돌파구를 찾아야 했습니다. 교수님께 따로 메일을 보내 고민을 털어놓았고, 사람들 앞에서 마이크를 들고 힘든 삶의 이야기를 솔직하게 들려주기도 했죠. 그러는 사이, 누군가에게 '닮고 싶은 사람'이 되어 있었습니다.

대학 생활을 하며 적응하기 어려운 순간도 있었나요?

특성화고를 졸업했다 보니 미적분을 배우지 않아서 기초통계학이나 확률통계학을 잘 몰랐어요. 이해하기 어려운 전공 수업도 있었죠. 이대로는 기말고사에 백지를 내게 될 것 같아 교수님께 메일을 보냈어요. 다행히 교수님께서 제 과제를 따로 봐 주시고 많은 조언을 주셨습니다. 높은 성적은 못 받았지만, 백지로 내는 건 면했어요.

대학생이 되었다고 고등학생 때 앓았던 우울증이 갑자기 사라지는 건 아닐 텐데요. 어떻게 이겨 내고 있나요?

저는 꾸준히 병원에 다니며 약을 먹고 있습니다. 주변 친구들에게도 많이 말해요. 힘들 땐 꼭 병원에 가보라고요. 저도 정신과에 다니고, 정신과 약을 먹는 제 자신이 너무 싫었던 적이 있어요. 병원에 발 들이기가 쉽지 않다는 것에 충분히 공감하고요. 하지만 감기에 걸렸을 때 항생제 먹는 것을 부끄러워하거나 숨기진 않잖아요. 마음이 감기에 걸렸을 때에는 병원에 가는 것이 제일 좋다고 생각해요.

교수님께 먼저 메일을 보내고, 병원도 찾아서 다니고, 고등학교 때는 학원에 직접 전화해 공부할 방법을 스스로 찾기도 하고요. 필요한 것을 적극적으로 찾는 편인가요?

내 문제니까 내가 나서서 해결해야 한다고 생각했어요. 어렸을 때부터 문제가 생겨도 다른 사람들한테 말하기보다는 혼자 끌어안고 고민하는 게 익숙했거든요. 하지만 이제는 다른 사람에게 나에 관해 솔직하게 이야기하는 것도 내가 성장하는 데에 도움이 된다는 걸 배우고 있습니다.

어떤 계기가 있었나요?

고등학교 때 코로나19로 등교하지 않게 되면서 친구와 지내는 시간이 늘었어요. 밤늦게까지 붙어 있으며 이런저런 이야기를 나누다가 처음으로 제 속의 이야기를 털어놓기까지 했죠. 어려운 가정 환경부터 지금 갖고 있는 불안함까지 전부 다요. 생각보다 기분이 후련했어요. 약점을 말하는 건 내 패를 다 보여 주는 거라고만 생각했는데, 내 약점을 알고도 나를 감싸 줄 사람이 있다는 걸 알았어요. 그 깨달음이 대학에 와서 친구를 사귀는 데에도 도움이 되었어요. 마음을 터놓고 말하는 것도, 사람에게 신뢰를 쌓는 것도 좀 더 쉬워졌습니다.

성장 과정을 이야기하는 강연도 했어요. 낯선 사람들 앞에서 내 이야기를 솔직하게 들려주기 위해선 큰 용기가 필요했을 것 같습니다.

처음엔 제안을 받고 가족과 친구를 포함해 주변 사람들한테 조언을 구했는데 대부분 나가지 않는 게 좋겠다는 반응이어서 고민을 많이 했어요. 학생회장을 해서 제 얼굴을 알

"약점을 말하는 건 내 패를 다 보여 주는 거라고만 생각했는데, 내 약점을 알고도 나를 감싸 줄 사람이 있다는 걸 알았어요."

서문민경 | 나를, 세상을 배우는 시간

고 있는 사람이 많은데, 그런 사람들까지 제 유년 시절과 마음의 병을 아는 게 부담스럽기도 했고요. 그런데 문득 이게 제 인생의 전환점이 될 수 있겠다는 생각이 들더라고요. 숨기려 하는 건 내가 떳떳하지 못해서가 아닐까 싶었어요. 이제는 부끄럽지 않게, 당당하게 살고 싶어서 용기를 냈습니다.

실제로 강연을 하고 나니 어땠나요?

하기 전에는 엄청 떨렸는데, 강연을 보고 많은 분이 응원의 편지를 보내 주셨어요. 시간 맞춰 라이브로 챙겨 봐준 친구도 있었고요. 반대하던 부모님도 주변에 자랑을 많이 하셨대요. 친구 중 한 명이 너무 멋있었고 닮고 싶다고 말했던 게 특히 기억에 남아요. 전 항상 제가 사회적 약자라고만 생각했지, 누군가의 존경을 받을 만한 사람이라고 생각하지 못했거든요. 친구의 말 한마디에 처음으로 나도 누군가에게 본받고 싶은 사람이 될 수 있구나 깨달았어요.

> 힘든 시간을 보내며, 자기 자신을 있는 그대로 인정하고 솔직하게 세상에 드러내는 법을 배웠습니다. 앞으로도 계속 새로운 삶의 방식을 배워 나갈 겁니다. 휴학을 마치면 졸업과 취업이라는 관문이 또 기다리고 있겠지만, 자신만의 방식과 속도로 앞으로 나아가려 합니다.

지금 서울런을 이용하는 중고등학생들에게 먼저 서울런을 만난 선배로서 해 주고 싶은 이야기가 있을까요?

솔직히 말씀드리자면, 저는 서울런을 이용한다는 게 알려지면 가난하다는 걸 들킬까 봐 멘토링 참여도 안 하고 다른 서울런 이용자들을 만나는 자리도 피해 왔어요. 지금 생각하면 아쉬워요. 그런 학생들이 은근히 많을 거예요. 다들 부끄러워하지 말고 서울런 안에서 다른 사람과 교류할 기회가 생기면 적극적으로 참여해 보라고 말씀드리고 싶습니다.

나를 세상에 솔직하게 보여 줄 용기를 내기 위해 필요한 것은 무엇일까요?

나 자신을 인정하는 것이요. 돌이켜 보면 중학교 때 방황했던 것도 가난을 부정해서고, 고등학생 때 우울증이 심했

> **"희망은 갑자기 펑! 하고 생기는 게 아닌 것 같아요. 작은 것들이 꾸준함을 만들어 내면 희망이 자연스레 따라온다고 생각합니다."**

던 것도 우울증을 부정해서였던 것 같아요. 시간이 지나며 그런 모습도 나의 일부가 아닐까 하는 생각이 들더라고요. 그렇게 나를 서서히 인정하면서 친한 친구들한테 내 아픔에 대해서도 말할 수 있게 되었어요. 대학에서도 처음엔 사회적 배려 대상자 전형으로 왔다는 걸 숨기기에 바빴는데, 어느 순간 그게 아무 의미가 없다는 생각이 들면서 그냥 털어놓게 되더라고요. 이제는 나 자신에게 떳떳하고 싶습니다.

희망은 어디에서 온다고 믿냐요? 정말 지치고 미래가 보이지 않는 순간이 누구한테나 있을 텐데, 그럴 때 어떻게 다시 나아갈 힘을 얻나요?

희망은 갑자기 펑! 하고 생기는 게 아닌 것 같아요. 작은 것들이 꾸준함을 만들어 내면 희망이 자연스레 따라온다고 생각합니다. 지치고 미래가 보이지 않는 상황에서 저는 작은 계획부터 실천해 보려고 노력했어요. 아침에 일어나서 물 한 컵 먹기, 이부자리 정돈하기와 같이 작은 것들을 꾸준히 하다 보니 작은 게 점점 큰 덩어리가 되더라고요. 그러면서 자연스럽게 목표를 크게 키워 나갔고 난 뭐든 할 수 있는 사람이구나 생각했던 것 같아요.

대학 진학이라는 큰 꿈을 이룬 지금의 목표는 무엇인가요?

서울런을 포함해 생리대 바우처 지원 사업, LH 전세 지원 등 지금까지 많은 도움을 받으며 자랐어요. 누군가의 도움의 손길이 한 사람의 삶에 큰 역할을 한다는 걸 잘 알고 있습니다. 그래서 저도 누군가를 돕고 싶어요. 직장인이 되어 안정적인 수입이 생기면 기부를 하고 싶고요. 저 같은 친구들을 위한 봉사 활동이나 멘토링 활동에도 참여하고 싶어요. 특성화 고등학교 다니는 친구들은 정보가 부족해서 뭔가 해 보고 싶어도 혼자 부딪히다 포기하는 경우가 많은데, 제가 선배로서 경험한 바를 들려주고 유용한 정보를 줄 수 있으면 좋겠습니다.

마지막으로, 대학 진학을 꿈꾸며 고군분투하던 과거의 나에게 해 주고 싶은 말은 무엇일까요?

또 미래의 내가 지금의 나를 본다면 어떤 말을 건넬까요?

우선 고등학생이던 저에게, 지금도 충분히 잘하고 있으니 괜찮다는 말을 해 주고 싶어요. 열심히 노력하는 제게 따뜻한 말을 건네고 싶습니다. 미래의 저한테서는 조급해하지 않아도 된다는 말이 듣고 싶어요. 사람마다 각자의 속도가 있다고 생각은 하지만 벌써 사회생활을 시작한 친구들, 꿈에 가까워진 친구들을 보면 저도 모르게 조바심이 나더라고요. 그런 저에게 "천천히 해도 괜찮아, 조급해하지 않아도 돼"라고 말해 주면 좋겠습니다.

서울런

동행 학습 플랫폼 서울런Seoul Learn은 사회·경제적 이유로 교육 기회에서 소외된 청소년과 청년에게 유명 온라인 강의와 멘토링을 무료로 제공하는 서울시의 대표 교육 복지 플랫폼이다. 소득에 따라 방과 후 학습의 질과 양이 크게 달라지는 현실 속에서, 서울시는 교육 격차를 해소하고 무너진 교육 사다리를 복원하기 위해 이 사업을 추진하고 있다.

총 25개 학습 사이트와 연계해 초·중·고 교과 과정부터 검정고시, 어학, 자격증, 독서 등 다양한 콘텐츠를 무료로 제공하고 있다. 또한 대학생과 대학원생으로 구성된 멘토단이 참여해 진로·학습·심리 상담을 포함한 1대1 맞춤형 멘토링을 제공하며, 서울런만의 특화 프로그램을 통해 학습 관리와 진로 설계까지 지원한다.

지원 대상은 서울에 거주하는 만 6세~24세 청소년·청년으로, 기준 중위소득 60% 이하 가정의 학생뿐 아니라 한부모가족, 다문화가족, 학교 밖 청소년, 국가보훈대상자 및 자녀, 북한이탈주민, 가족돌봄청년, 건강장애학생, 보호시설 아동 등이 포함된다.

▶ 서울런 https://slearn.seoul.go.kr/

다정한 노트 필사 노트

돌이켜 보면 중학교 때 방황했던 것도 가난을 부정해서고, 고등학생 때 우울증이 심했던 것도 우울증을 부정해서였던 것 같아요. 시간이 지나며 그런 모습도 나의 일부가 아닐까 하는 생각이 들더라고요. 그렇게 나를 서서히 인정하면서 친한 친구들한테 내 아픔에 대해서도 말할 수 있게 되었어요. 이제는 나 자신에게 떳떳하고 싶습니다.

다정한 일기   나에게 묻는 질문

☞ 최근에 '하고 싶다'는 마음이 든 일은 무엇이었나요?

☞ 오늘 누군가에게서 받은 도움을 떠올려 보세요.

☞ 지금의 나를 만든 경험은 무엇인가요?

☞ 가장 힘들었던 시절의 나에게 건네고 싶은 한마디는 무엇인가요?

김민아   멈춰 선 자리에서
새로운 길을 발견하다

꿈꾸는 친구

살다 보면 선택의 기로에 서게 되는 순간이 있다. 다니던 여행사가 코로나19로 부분 휴업에 들어가고, 2년간 준비한 경찰공무원 시험에도 낙방했던 때가 그랬다. 선택의 기로에서 택한 건 좌절 대신 도전이었다. 새로운 업계, 새로운 직무로 취업을 준비하기 시작한 것이다. 도전을 즐기는 성격이긴 했지만, 혼자였다면 성공하기 어려웠을 것이다. 도전에 힘을 보탠 것은 우연히 알게 된 청년취업사관학교와 동료들이었다. 노력은 결실을 맺었다. 현재 자동차 소프트웨어 기업의 운영 기획팀에서 근무하고 있는 그는, 돌아보면 불안한 시간이었지만 그 시간이 있었기에 지금의 자신이 있다고 말한다.

반갑습니다. 지금 회사에서 어떤 일을 하고 있나요?

자동차 소프트웨어 회사의 운영 기획팀 소속으로 모빌리티 서비스의 운영 기획과 충전 인프라를 유지, 보수하는 일을 하고 있습니다.

기술과 개발 쪽 지식이 필요할 것 같은데, 관련된 전공을 했나요?

아니요. 대학에서는 중어중문과를 졸업했고, 첫 직업은 여행사의 산악 전문 가이드였어요. 몇 년 전만 해도 지금의 회사에서 이런 일을 하고 있을 거라고는 생각 못했죠.

산악 전문 가이드라니, 지금의 일과는 완전히 다른 성격의 일이네요.

어렸을 때부터 부모님을 따라 등산을 자주 다녀서 체력엔 자신이 있었거든요. 대학 졸업을 앞두고 우연히 여행사 공고를 보고 지원해 면접을 봤습니다. 바로 합격해서 서울에 올라왔고 중장년 단체 관광객들과 함께 중국, 네팔의 산들을 열심히 누비고 다녔어요. 워낙에 산을 좋아해서 일은 재미있었어요.

체구가 작다고 반신반의하던 분들도 여행이 끝날 때쯤엔 모두 인정할 만큼 적성에 잘 맞는 일이었고요.

그만큼 좋아하고 잘하는 일이었는데, 그만둔 계기가 있었나요?

모두가 아는 코로나19가 터졌죠. 저희 여행사도 무급 휴직을 시행하면서 일을 못하게 되었습니다.

외부 상황으로 일을 못하게 되어 힘들었을 텐데, 그 시기를 어떻게 보냈나요?

이왕 이렇게 된 거, 고등학교 때까지 꿈꿨던 경찰을 준비해 보기로 결심했습니다. 전공을 살려서, 외국인, 해외 교포 등과 관련된 사건을 담당하는 외사 경찰을 목표로 2년을 공부했어요. 결과는 탈락이었습니다. 최선을 다해 내 모든 에너지를 쏟은 결과라서 미련 없이 인정했죠. 그러고 나니 딱 서른이었어요. 공부를 더 할 수는 없고, 여행업계로 돌아가든 새로운 일을 하든 선택을 해야 하는 시기라고 생각했어요.

여행업계로 돌아가는 게 현실적으로 가장 쉬운 선택이었을 텐데 새로운 일을 하기로 결심한 이유가 있나요?

코로나19가 약간 완화되어 감사하게도 예전 회사에서 절 다시 불러 줬어요. 저도 구인 구직 사이트를 찾으며 여행업이 가장 먼저 눈에 들어오긴 했고요. 하지만 그때만 해도 아직 팬데믹 이전 수준으로 정상화되지는 않은 상태였어요. 비슷한 일이 언제 또 터질지도 모른다고 생각하니 돌아가고 싶지 않더라고요. 게다가 저는 여행업 자체에 대한 애정보다 오래된 취미인 등산이 좋아서 여행업계로 간 거였거든요. 산악 전문 가이드가 아니라면 굳이 여행사에서 일할 이유가 없겠다고 생각했습니다.

지금 맡고 있는 운영·기획 직무에는 어떻게 관심을 갖게 되었나요?

예전에 함께 일했던 선배님이 운영·기획 직무로 전직해서 일하고 계신다는 소식을 듣고 제가 먼저 연락을 드렸어요. 대화를 나누다가 그분이 제 성향이 운영·기획과도 잘 어울릴 것 같다고 하시더라고요. 해당 직무에 관한 정보가 전혀 없어서 이것저것 찾아보다가 청년취업사관학교를 만나게 되었습니다.

"결과는 탈락이었습니다. 최선을 다해
내 모든 에너지를 쏟은 결과라서
미련 없이 인정했죠. 그러고 나니
딱 서른이었어요."

단체 여행객을 이끌고 히말라야를 등반하던 산악 전문 가이드는 완전히 새로운 업계와 직무에 도전하기로 결심했습니다. 하지만 어디서부터 시작해야 할지 몰라 막막했습니다. 우연히 알게 된 청년취업사관학교(이하 '청취사')는 출발점이 되어 주었죠. 이곳에서 천천히 내공을 다지며 도약을 준비했습니다.

여러 부트캠프가 있었을 텐데 청취사를 선택한 이유가 있나요?

그때만 해도 청취사가 초창기라 수업이 어떨지 예상이 안 되더라고요. 일단 전혀 모르는 분야니까 무엇이든 들으면 좋지 않을까 싶었고, 서울 시민이면 무료로 진행된다고 하니 지원했습니다. 지원 포부를 영상으로 보내라는 안내가 있어서 셀프카메라를 찍었던 기억이 나요. 무척 간절했는데, 그 마음을 알아주셨는지 다행히 뽑혔습니다.

청취사에서 교육을 받으며 특히 유용했던 부분이 있었나요?

강사 대다수가 현업에 계신 분들이라 학생들이 궁금한 게 있다고 하면 다들 적극적으로 도와주시는 분위기가 좋앉습니다. 현직자가 학생들의 포트폴리오를 살펴보고 피드백을 해 주시는 자리도 있었고요.

기획·운영 직무는 처음이었는데 수업을 따라가는 게 어렵지는 않았나요?

청취사는 기본적으로 오프라인 강의예요. 일단 출석해서 강의를 들으니까 집중하기 좋았던 것 같아요. 현장에서 모르는 게 생기면 강사님, 함께 수업 듣는 친구들과 바로바로 확인하고 답변을 들을 수 있었거든요. 제가 다른 일을 하다가 와서 다른 수강생들보다 나이가 많은 편이었는데, 같이 수업 듣는 20대 초중반 친구들이 제가 안쓰러웠는지 '이 언니 어떡해' 하면서 많이 도와주었던 기억이 납니다. (웃음)

**수강했던 강의가 월요일부터 금요일, 오전 9시부터 오후 6시까지 진행되는 걸로 알고 있어요.
동기들과 긴 시간을 함께한 만큼 추억도 많을 텐데, 기억에 남는 순간이 있나요?**

다양한 과제와 프로젝트를 수행했는데, 그중 '역기획 프로젝트'가 생각나요. 이미 공개되어 있는 서비스 하나를

> **"제가 부족하다는 걸 인정해야 했죠.
> 지원하는 분야를 좀 더 넓혀서
> 살펴봤습니다."**

정해서 팀별로 이 서비스에 왜 이런 기능이 들어갔는지 거꾸로 분석해 보는 프로젝트였어요. 제가 문과라 팀 프로젝트에 로망이 있었는데 그때 원 없이 해 봤네요. 서로 안 맞는 사람과 부딪혀도 보고 의견을 조율해 가며 공통의 과제를 완성했던 것이 재미있는 경험으로 남아 있습니다. 그렇게 청취사에서 친해진 친구들과는 지금까지도 꾸준히 연락을 하는데, 이제는 다들 직장인이에요.

**청취사를 수료하고 취업하기까지의 이야기도
들어볼 수 있을까요?**

그때가 제일 힘든 시기였어요. 면접까지라도 가면 감이 잡힐 텐데, 아예 서류 단계에서 탈락하니까 왜 떨어졌는지도 모르고요. 낙담했죠. 하지만 고민해 보니 제가 눈이 높은 거더라고요. 이름이 잘 알려진 기업들에만 서류를 넣지 말고, 좋은 기업이지만 많이 알려지지는 않은 곳들을 찾아서 넣기 시작했어요. 회사의 현재보다는 미래를 보는 거죠. 저는 신입으로 가는 거니까 같이 성장할 수 있는 곳으로 가자. 그렇게 하니까 기회가 생겼어요. 그렇게 지금 회사를 포함해 몇 곳에 합격할 수 있었습니다. 그중 지금 회사가 가장 비전이 있었고요.

> 도전을 즐기는 사람에게도 흔들리는 순간은 있습니다. 그럴 때면 주변 사람들의 다정한 말 한마디가 힘이 되어 주었습니다. 누구보다 열심히 했다는 것을 다른 사람도 알아 준다는 생각에 위로를 받았습니다. 다정한 사람들 사이에서, 나 역시 다정한 사람이 되고 싶습니다.

새로운 일에 도전한다는 게 쉽지 않잖아요. 업을 바꾸는 일은 특히 더 그런데, 도전에 임하는 마음가짐에 관해 들어 보고 싶어요.

다들 도전할 때 최악의 상황을 생각하고 플랜B를 마련해 두곤 하잖아요. 저는 플랜B라는 게 없어요. 무조건 플랜A만 생각해요. 플랜B가 생기면 플랜A에 집중을 못 할 것 같거든요. 안 되면 그때 가서 생각하고 지금은 당연히 잘될 거라는 생각으로 하는 거예요. 차선책이 없으면 목표에 집중도 더 잘돼요. 지금 할 수 있는 것만 열심히 하면 되거든요. 물론 준비 없이 떨어졌을 때 후폭풍은 크지만, 미련이나 후회는 남지 않지요.

**지금 회사에서도 새로운 일에 도전하는 것을
즐길 것 같은데 어떠세요?**

저는 새로운 프로젝트가 있으면 늘 하고 싶어 하는 편이에요. 잘 안 되었을 때 위험 부담이 있어도 저는 도전을 택합니다. 기회가 있으면 "무조건 고!"를 외치죠. 친구들은 '똥인지 된장인지 꼭 먹어 봐야 아냐'고 하지만, 사실 그게 청국장일 수도 있는 거잖아요? (웃음) 잘못된 선택이라도 제가 직접 해 봐야 직성이 풀려요. 하다 보면 이걸 내가 왜 한다고 했는지 모르겠다고 생각하는 순간이 올 때도 있지만, 마무리하고 나면 늘 뿌듯합니다.

**모든 도전이 생각대로만 되는 건 아니잖아요.
심리적으로 흔들릴 때는 어떻게 마음을 다잡을 수
있었나요?**

주변 사람들에게서 많은 힘을 얻습니다. 제가 도전하는 과정에서 말만 번지르르하게 하고 설렁설렁 했다면 좋지 않은 결과가 나왔을 때 열심히 하지도 않았으면서 뭘 바랐냐는 반응이 나왔을 거예요. 하지만 제가 정말 다 쏟아부었다는 게 말을 하지 않아도 보일 정도니까 주변 사람들이 저보다 더 안타

까워하고 응원해 주더라고요. 코로나19로 회사가 힘들었을 때도, 경찰공무원 시험에 떨어졌을 때도 그랬어요.

특히 힘이 되었던 말들이 있나요?

경찰공무원 시험을 준비할 때 한 친구가 그랬어요. 지금은 잘 안 풀리는 것 같아도 본인이 보기에는 제가 정말 멋있고, 친구지만 존경스럽다고요. 그 말을 듣고 내가 열심히 한 걸 아는 사람들은 다 아는구나 싶어 힘이 났습니다. 자존감도 올라갔고요. 가족 중에서는 어릴 때부터 엄마가 저한테 멋있다는 이야기를 참 많이 해 주셨어요. 요즘도 집에 가면 그런 말씀을 해 주시는데, 그때마다 큰 위안이 됩니다.

곁에 다정한 사람들이 많네요.

저는 제 주변에 있는 사람들을 정말 소중하게 생각해요. 늘 돌봐 주고 싶어요. 그런 마음이 통했는지 고맙게도 저에게 조언을 구하는 친구들도 많아요. 주변에 더 많은 도움을 줄 수 있는 다정한 사람으로 성장하고 싶어요.

"무조건 플랜A만 생각해요. 플랜B가 생기면 플랜A에 집중을 못 할 것 같거든요. 안 되면 그때 가서 생각하고 지금은 당연히 잘될 거라는 생각으로 하는 거예요."

'다정함'이란 무엇인가요?

제가 생각하는 다정함은 곁에 있는 사람을 따뜻한 눈빛으로 묵묵히 바라봐 주는 것이에요. 성장할 수 있도록 기회를 주는 것도 다정함이라고 생각하고요. 상대에게 좋은 영향을 주고 이끌어 줄 수 있는 힘이 다정함이 아닐까 생각해요.

> 첫 회사 생활부터 경찰공무원 시험 준비, 재취업 준비까지. 인생의 큰 도전을 모두 서울에서 해 낸 그에게 서울은 의지만 있다면 많은 기회가 뒤따르는 곳입니다. 최근 자동차 보안 전문가라는 새로운 꿈을 갖게 된 그는 이 도시에서 해 보고 싶은 게 많습니다. 앞으로도 많은 시행착오를 거치며 성장하고 싶습니다.

첫 직장에 합격하면서 서울살이를 시작했어요. 그동안 서울에서의 삶은 어땠나요?

원래 대구 출신인데 무작정 회사 면접을 보러 서울에 올라왔어요. 그 회사에 합격해서 다니게 되며 서울 생활이 시작되었죠. 코로나19로 일을 쉬게 되었을 때 다시 대구로 돌아갈 수도 있었지만, 부모님과 있으면 해이해질 것 같더라고요. 그래서 안 내려갔어요. 죽이 되든 밥이 되든 서울에 살면서 공부를 해야겠다는 생각이었죠. 집 근처 대학 운동장에서 비가 오나 눈이 오나 매일 러닝을 했던 게 기억나요. 돌아보니 첫 회사 생활의 설렘도, 수험 생활의 고단함도 모두 서울에 녹아 있네요.

서울은 어떤 도시인가요?

제가 생각하는 서울은 기회가 있는 도시입니다. 의지만 있다면 기회가 넘치죠. 지원해 주는 사업도 많고요. 어떤 분야든 함께 공부할 사람들을 찾아 모임을 만드는 것도 어렵지 않아요.

다양성이 있는 도시라는 생각도 들어요. 개인이 자기의 취향을 드러내기가 좋거든요. 예전 회사에서 만난 동료가 비건이었는데요. 어떤 지역에서는 비건이라는 말조차 생소한 반면, 서울에서는 비건 식당으로 투어를 할 수 있을 정도죠. 서울에 살면서 저와 다른 가치관과 생활 방식을 추구하는 사람들을 많이 만났어요. 그럴 때마다 제 세계도 함께 넓어지는 경험을 했습니다.

앞으로 꿈꾸는 삶이 궁금합니다.

지금 회사에서 일을 하다 보니 자동차 보안 전문가를 꿈꾸게 되었어요. 요즘 여러 회사에서 해킹으로 인한 정보

"시행착오를 겪은 끝에 지금의 깨달음을
얻고 꿈이 생긴 거예요."

유출 문제가 발생하고 있는데요. 자동차 산업에서 비슷한 문제가 생긴다면, 정보 유출을 넘어 생명을 위협할 만한 더 큰 문제가 생겨요. 그래서 자동차 산업 보안이 정말 중요하다고 생각해요. 아직은 이 분야의 전문가가 많지 않으니 모두 같은 출발선상에 있다고 생각합니다. 회사에서 열심히 배우며 차근차근 성장하고 싶어요.

삶에서 청취사에 다니며 재취업을 준비하던 시기는 어떻게 기억될까요?

그때가 있어서 지금의 제가 있었다고 생각할 것 같아요. 그런 시간을 보내지 않았다면, 이쪽 업계에 취업을 하지 않았다면 제가 자동차 보안 전문가를 꿈꿀 일이 있었을까요? 시행착오를 겪은 끝에 지금의 깨달음을 얻고 꿈이 생긴 거예요. 나중에 보면 그때가 귀여울 것 같기도 해요. 앞으로 더욱 많은 시행착오를 겪을 테니까요. (웃음) 당시엔 힘들고 속상해서 울고불고하기도 했는데, 나중에 보면 그건 정말 새 발의 피였다고 생각하지 않으려나요.

마지막으로, 지금 막막한 시간을 견디고 있을 취준생들에게 해 주고 싶은 말이 있다면요?

취업 준비를 하시는 분들을 보면 '근자감(근거 없는 자신감)'이 넘쳐서 자기 객관화가 부족한 분들과, 반대로 자기 객관화가 과해서 스스로를 과소평가하는 분들로 나뉘는 듯해요. 전자에게는 자기 객관화를 하라고, 후자에게는 '근자감'을 좀 가지라고 말해 주고 싶어요.

그리고 미래에 내가 원하는 모습을 상상하면 좋겠어요. 힘든 현재에만 매몰되어 있으면 미래에 아무런 좋은 일도 안 생길 것 같거든요. 롤 모델을 정해 두는 것도 좋고 실제 그 분야에서 일하고 있는 사람의 이력서를 보며 무엇이 필요한지 확인해 보는 것도 좋은 방법이에요. 요즘은 이력서를 공개적으로 올려 둔 사람도 많으니까요. 부족한 걸 채워 나가면서 원하는 미래를 그리다 보면 분명히 좋은 미래가 다가올 거라 생각합니다.

청년취업사관학교

청년들이 디지털 역량을 기반으로 전문성을 키우고 소프트웨어 분야에서 안정적으로 취업할 수 있도록 지원하기 위해 서울시와 서울경제진흥원이 설립한 교육 기관이다. 실습 중심의 개방형 교육 공간으로 구성되어 있으며, 학습자들이 협업과 프로젝트 중심의 교육을 통해 실무 감각을 높일 수 있도록 설계됐다. 교육 과정은 기업 현장의 실제 수요를 기반으로 구성되어 있으며, 단순한 이론 교육을 넘어 현장 맞춤형 실전 교육을 중심으로 진행된다.

교육 과정은 200개 이상의 기업 현장을 조사해 필요한 기술을 분석한 뒤 설계된다. 이를 통해 산업 수요에 맞는 커리큘럼을 마련하고, 공모 과정을 통해 선발된 검증된 기관이 교육을 맡는다. 현업 개발팀장이나 대기업 출신 전문가 등 실무 경험이 풍부한 강사진이 소규모 집중형 수업을 진행해 실무 노하우를 세밀하게 배울 수 있다. 개발자의 기본 역량뿐 아니라 특화·응용 역량까지 폭넓게 다루며, 강의 중심 교육이 아닌 동료 학습, 집중 멘토링, 실전 프로젝트, 자기 주도 학습 등의 방식으로 학습 효과를 높인다. 교육 과정이 종료된 이후에도 포트폴리오 제작 지원, 면접 시뮬레이션, 일자리 매칭데이 등 사후 취업 연계 프로그램을 진행해 청년들이 안정적으로 현장에 안착할 수 있도록 지속적으로 지원한다.

▶ 청년취업사관학교 https://sesac.seoul.kr/

다정한 노트

필사 노트

그때가 있어서 지금의 제가 있었다고 생각할 것 같아요. 그런 시간을 보내지 않았다면, 이쪽 업계에 취업을 하지 않았다면 제가 자동차 보안 전문가를 꿈꿀 일이 있었을까요? 시행착오를 겪은 끝에 지금의 깨달음을 얻고 꿈이 생긴 거예요. 나중에 보면 그때가 귀여울 것 같기도 해요. 앞으로 더욱 많은 시행착오를 겪을 테니까요.

다정한 일기　　　　나에게 묻는 질문

☞ 최근에 새롭게 도전해 보고 싶은 일은 무엇인가요?

☞ 시행착오를 겪으며 배운 가장 큰 깨달음은 무엇이었나요?

☞ 기억하고 싶은 '다정한 응원'이 있나요?

☞ 망설이는 나 자신에게 어떤 말을 해 주고 싶나요?

김민아 | 멈춰 선 자리에서 새로운 길을 발견하다

가을

Fall

나눔으로 빛나다

가을 — 나눔으로 빛나다

햇살은 부드러워지고, 상쾌한 바람이 불기 시작했습니다. 추분이 지나면, 들판의 고개 숙인 곡식을 거둬들일 차례가 옵니다. 오랫동안 쌓아 온 시간들이 결실을 맺는 계절, 가을입니다.

가을이 선물하는 풍요는 나눌수록 더 커집니다. 오랫동안 식당을 열어 온 부부는 어려운 이웃들과 함께 둘러앉을 식탁을 준비하고 있습니다. 밥과 반찬보다 따뜻한 이야기와 웃음이 먼저 식탁에 오릅니다. '손님'이 아닌 '식구'라 부르며 함께 밥을 짓는 일, 그 꾸준한 정성은 동네를 밝히는 불빛이 됩니다.

또 다른 친구는 세상을 등질 결심까지 했던 절망의 끝에서 다시 일어섰습니다. 자신을 믿어 준 사람들의 응원 덕분에 한 발짝씩 나아갔습니다. 인문학이라는 새로운 세계를 만나 자신의 쓸모를 발견하고, 자신감을 얻었습니다. 이제는 새로운 일터에서 매일의 출근과 퇴근에 감사하며 무너지지 않는 스스로를 칭찬할 수 있게 되었습니다.

한 친구는 오랜 간병의 시간을 지나, 자신만의 속도로 꿈을 이어 가고 있습니다. 멈춰 있던 시계를 다시 움직이게 만든 건 도시라는 공동체였습니다. 도움의 손길과 새로운 기회가 모여 길이 열렸고, 그는 다시 자신이 하고 싶은 일을 찾아 나아가기 시작했습니다.

    뜨거운 여름을 보내며 쌓은 노력은 결국 결실을 맺습니다. 그 결실은 다시 누군가의 삶에 희망으로 자리 잡습니다. 오늘 나에게 주어진 결실을 나누며 살아가는, 다정하고 단단한 사람들의 이야기를 만나 보세요.

홍영기, 박성순   손님이 식구가 되는 다정한 식당

따뜻한 친구

서울 종로구 창신동 쪽방촌과 맞닿은 골목 안, 작은 간판을 내건 밥집 '옛촌'이 있다. 홍영기·박성순 부부가 13년째 지켜온 이곳은 쪽방촌 주민들에게 한 끼 식사를 제공하는 곳이다. 부부는 365일 가게 문을 연다. 아내는 손님 한 사람 한 사람의 취향과 건강을 기억해 음식을 내고, 남편은 하루에도 스무 그릇 넘는 식사를 직접 들고 골목을 누비며 거동이 불편한 이웃들의 안부를 살핀다. 인터뷰가 진행되는 내내 식당은 '식구'라고 불리는 쪽방촌 손님들로 북적였다. "사장님들 좀 쉬셔야죠, 아프시면 큰일 나요" 걱정하는 '식구'들의 말에서 이곳이 단순한 식당을 넘어 서로의 삶을 붙잡아 주는 작은 공동체임을 확인할 수 있었다.

식당은 언제부터 운영했나요?

박성순 30년은 넘었을 거예요. 예전엔 장충동에서 횟집을 했고, 바로 직전엔 이 동네에서 지금과 비슷한 메뉴로 큰 가게를 운영했죠. 장사가 잘되던 시절이었습니다. 경기도 좋았고, 장충동 단골들도 따라와 주셨거든요. 그런데 건물 사정으로 자리를 옮기게 됐고, 그렇게 '옛촌'을 열게 됐어요. 이 자리에서만 벌써 13년이 지났네요.

하루 일과는 어떻게 흘러가나요?

성순 새벽 2시 반이면 눈을 떠요. 여기 근처가 새벽에 일하는 분들이 많아서 3시부터는 일반 손님들 주문과 배달을 준비해야 하거든요. 해 뜨기 전까지 3~4시간 눈코 뜰 새 없이 바쁘고, 오전 6~7시가 돼서야 잠깐 숨을 고릅니다. 그러다 오전 10시부터 다시 주방에 서요. 점심부터 저녁 8시까지 장사가 쭉 이어지고요. 쉬는 날도 없어요. 주말엔 장 보러 시장에 다녀와서 일주일 장사 준비를 하고, 오후 영업을 하거든요.

'동행식당(쪽방촌 주민들이 하루 한 끼 원하는 메뉴를 골라 식사할 수 있는 식당)'을 시작하고 난 뒤, 일과의 가장 큰 변화는 무엇이었나요?

성순 피크 타임이라는 게 없어졌어요. 예전엔 점심, 저녁 손님이 몰리는 시간만 지나면 잠깐이라도 숨을 돌릴 수 있었는데, 지금은 그럴 수가 없어요. 어떤 날은 1시에 오셨던 분이, 또 어떤 날은 3시에 오시기도 하니까요. 정해진 시간이 없으니까 늘 대기 상태로 하루를 보냅니다.

'동행식당'을 처음 제안받았을 때, 어떤 생각이 들었나요?

홍영기 사실 처음엔 망설였습니다. 할 이유가 없었거든요. 당시엔 줄을 설 만큼 손님이 많았으니까요. 그런데 창신동 쪽방 상담소 소장님이 '한번 해 보자'고 권하셨어요. 고민이 컸습니다. 아내와도 밤새 이야기하며 다툴 정도로요. '이분들을 받아야 할까? 일반 손님들이 떠나면 어떡하지?' 걱정이 앞섰죠.

실제로 장루를 차고 계신 분이 처음 찾아오셨을 때, 다른 손님들이 냄새가 난다며 식사하다 말고 모두 일어나 나가 버린 적도 있습니다. 그날은 정말 마음이 무거웠어요. 이렇게 계속할 수 있을까 하는 두려움이 컸습니다.

그럼에도 계속해서 동행식당을 이어 가고 있는데, 계기가 있었나요?

성순 결국 사람 때문인 것 같아요. 지금은 돌아가셨지만, 위암을 앓고 있던 어르신이 있었어요. 다른 곳에서는 식사를 거의 못 하셨는데, 우리 집에 오시면 꼭 한 숟가락이라도 드셨거든요. "사장, 나 이거 먹고 싶은데 좀 해 줄 수 있나?" 하시면 시장에 가서 없는 재료를 사서라도 해 드리곤 했죠. 그걸 너무 고마워하시면서 늘 이렇게 말씀하셨어요. "너희 덕분에 밥 한 끼라도 먹는다." 그 말이 아직도 귀에 생생해요.

영기 정말 좋은 분이셨는데. 저희 식당에 마지막으로 오셨던 날 그러시더라고요. "사장, 나 올해만 좀 넘겨 봤으면 좋겠어." 그 말을 듣는데 마음이 얼마나 아프고 울컥했는지 몰라요. "아이고, 무슨 그런 말씀을 하세요. 올해만 넘기시겠어요? 내년, 후년까지 계셔야죠" 했는데, 불과 며칠 뒤에 그분이 떠나셨어요. 그게 마지막 인사가 될 줄은 몰랐죠. 동행식당으로 만난 손님들 중 열 분 정도가 세상을 떠나셨어요. 작별을 제

"다른 곳에서는 식사를 거의 못 하셨는데, 우리 집에 오시면 꼭 한 숟가락이라도 드셨거든요. "사장, 나 이거 먹고 싶은데 좀 해 줄 수 있나?" 하시면 시장에 가서 없는 재료를 사서라도 해 드리곤 했죠."

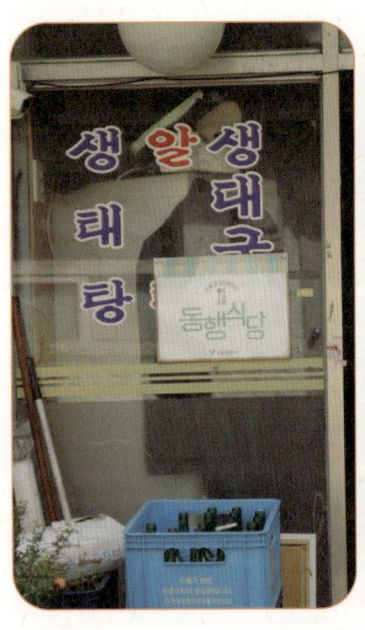
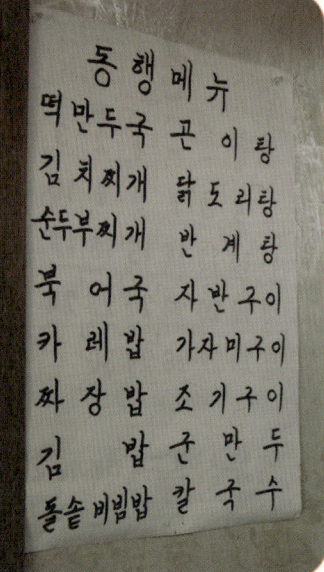

대로 못한 분들이 늘 마음에 남아요. 그래도 살아 계실 때 한 끼라도 챙겨 드릴 수 있었다는 게, 이 일을 계속하는 이유가 된 거 같습니다. 동행식당 사업에 참여한 지 벌써 3년이 지났네요.

> 365일 불 앞에 서서 손님마다 다른 취향과 건강 상태를 기억해 음식을 내고, 작은 메모지에 그날그날의 특이 사항을 적어 둡니다. "소금 한 톨도 넣지 말아 달라"는 부탁도, "카레는 절대 못 먹는다"는 취향도 빠짐없이 기록됩니다. 하루 한 끼뿐인 식사가 늘 새롭고 안전해야 한다는 마음 때문이죠. 사랑이 담긴 손끝에서 나오는 밥상은 건강을 살피는 정성의 기록입니다.

음식을 하면서 제일 신경 쓰는 부분은 뭔가요?

성순 간 맞추기요. 동행 식구들은 입맛과 건강 상태가 다 다르거든요. 어떤 분은 소금을 전혀 못 드셔서 '소금 한 톨도 넣지 말아 달라' 하세요. 카레를 못 드시는 분도 있고요. 그런 분들은 메뉴가 같아도 반드시 따로 조리합니다. 또 이분들은 하루 한 끼 드시는 경우도 많은데, 어제 드셨던 걸 오늘 그대로 드시면 얼마나 싫으시겠어요. 그래서 어제가 국물이었으면 오늘은 생선, 또 오늘 생선이었으면 내일은 고기, 이렇게 변화를 주려고 늘 신경 써요. 그러다 보니 기억해야 할 게 많아서 메모를 꼭 하죠. 손님마다 취향이 다 다르다 보니 맞춤형으로 준비할 수밖에 없어요. 100인 100색이라고들 하잖아요? 우리 동행 식구 분들은 100인 200색이라고 해도 과장이 아니에요. (웃음)

직접 배달도 나간다고 들었어요.

영기 가게에 직접 식사하러 오시는 분이 하루에 한 20분 정도 계시고, 보통 25곳에서 많게는 30곳 정도 배달을 가요. 아무래도 거동이 불편하시거나 몸이 편치 않은 어르신들이 많거든요.

저희도 처음엔 쪽방촌이라는 곳을 뉴스로만 접했지 실제 생활은 어떤지 몰랐어요. 그런데 막상 들어가 보니 현실이 너무 열악하더라고요. 그 모습을 보고 '그냥 음식만 두고 올 수는 없겠다'는 마음이 들었어요. 그러다 보니 배달이란 게 어르신분들 안부를 확인하는 일이기도 해요.

말벗이 필요한 분들도 많아요. 남은 배달이 많아 마음이 급한데도 제 손을 붙잡고 본인 얘기를 계속하실 때도 많죠. 답답하기도 하지만, 그게 그분들에겐 큰 위로라는 걸 알아요.

배달 갔다가 쓰러진 어르신을 발견한 적이 있다고요.

영기 수도 없이 많아요. 한 번은 평소처럼 문을 두드렸는데 대답이 없더라고요. 이상하다 싶어 문을 열어봤더니, 할머니가 바지도 제대로 추스르지 못한 채 방바닥에 쓰러져 계셨습니다. 바로 119를 불렀죠. 그런데 구급대가 오더니 보호자가 꼭 동행해야 한다는 겁니다. 저는 보호자가 아니라 그냥 식당 사장인데 말이죠. 그래도 결국 응급실까지 함께 갔습니다. 저녁 장사를 해야 하는데 난감하더라고요. 결국 할머니가 검사를 받는 동안 가게로 와 저녁 장사를 마무리하고, "11시까지 꼭 오라"는 의사 말에 밤늦게 다시 병원으로 달려갔어요. 도착했더니, 다행히 할머니가 의식을 회복하셨더라고요. "내가 왜 여기 와 있냐" 하시는데, 그 순간 가슴이 뭉클했어요. '사셨구나' 싶었거든요.

자연스럽게 주민 분들 생활을 많이 도와주시게 될 것 같아요.

영기 배달을 갔다가 화장실이 막혀 곤란해하시던 분을 만난 적이 있어요. 사람을 불러야 한다고 하시는데, 비용과 시간을 생각하면 그날은 식사도 건너뛰실 게 뻔했죠. 그래서 가게로 달려와 뚫어뻥을 챙겨 다시 갔습니다. 좁은 공간에서 악취와 씨름하다 결국 변기를 뚫고, 물청소까지 해 드렸어요.

그분이 "그래도 옛촌이 있어야지" 하고 몇 번을 반복해 말씀하시는데, 고단했던 게 싹 가시더라고요. 그럴 때면 '내가 식당이 아니라 사회복지사를 했어야 했나' 싶은 생각이 듭니다. (웃음)

성순 어떤 분은 방을 옮겨야 한다며 부동산에 방 좀 알아봐 달라고 하고, 어떤 분은 자기가 바우처 신청을 할 수 있는지 확인해 달라고 부탁하시기도 합니다. 주민센터에 가서 이름만 대면 '이분은 된다, 안 된다' 확인할 수 있거든요. 밖의 일도 대신 알아봐 드리고 필요한 연락도 대신해 드리죠. 심지어는 통장과 비밀번호를 맡기면서 "돈 좀 찾아다 달라"고 하세요. 그분은 우리은행을 쓰시는 분이었는데, 하필 이 동네엔 우리은행이 한 군데뿐이라 늘 대기 시간이 길거든요. 그래도 부탁하시니 어떡해요. 심부름꾼이자 아들, 딸 역할까지 하고 있는 셈이에요.

> 골목을 따라 오가는 건 단순한 배달 음식이 아닙니다. "사장, 오늘은 왜 이제야 와?" 하고 반갑게 불러 주는 인사, 꼬깃꼬깃한 지폐를 내밀며 고마움을 전하는 손길까지. 이곳에서 차려지는 가장 큰 메뉴는 식구처럼 서로를 챙기는 마음입니다.

명절에도 식당 문을 여나요?

성순 그럼요. 다만 명절엔 평소와는 조금 다르게 운

"배달이란 게 어르신분들 안부를
확인하는 일이기도 해요.
말벗이 필요한 분들도 많아요."

영해요. 일반 손님들은 받지 않고, 오직 동행 식구들만 모시죠. 그리고는 다 같이 전을 부쳐 나눠 먹습니다. "오늘은 전 부치는 날이니까 같이 해요" 하고 부르면, 손님들이 직접 와서 반죽도 하고 전을 뒤집기도 해요. 좁은 식당에서 부대끼며 함께하는 그 시간이 명절 분위기를 만들어 줍니다. 혼자 계셨으면 텔레비전 속 제사상만 보며 보내셨을 분들이니까요. 일부러 저희가 제사에 사용하는 음식도 식당에서 같이 준비해요. 그날만큼은 서로 도와가며 전도 굽고 음식을 마련하면서, 진짜 가족처럼 명절을 지내는 거예요.

하루도 쉬지 않고 식당 문을 여는 건데, 쉬는 날도 좀 챙겨야 하는 거 아니에요?

성순 동행 식구들도 매일 그렇게 말해요. (웃음) 그런데 문제는 저희가 문을 닫으면 그날은 식사를 아예 못 하시는 분들이 계시다는 거예요. 동행식당 카드가 있어도 다른 집으로 가지 않고, '나는 옛촌에서만 먹겠다' 하시는 분들이 많거든요.

영기 배달을 나가는 걸 보면서 '너네 돈 벌려고 하는 거 아니냐' 하실 수도 있는데, 꼭 그것 때문만은 아닙니다. 거동이 불편해서 못 나오시는 분들이 많으니까, 안부를 살피는 마음이 더 커요. 매일 오시던 분이 하루라도 안 오시면 '혹시 어디가 아프신가?' 하고 걱정이 되거든요. 욕심이 아예 없다고는 못 하겠지만, 밥 장사 욕심보다 더 큰 마음은 '이분들이 굶지 않게 해야 한다'는 책임감이에요. 그게 저희가 문을 열 수밖에 없는 이유입니다.

그동안 정말 많은 손님들을 만나 왔을 텐데,
마음속에 특별히 남아 있는 손님이 있을까요?

영기 어느 추운 일요일이었는데, 배달을 갔더니 할머니 한 분이 이불을 덮은 채 오들오들 떨고 계셨어요. "나 추워, 나 추워" 하시는데 땀은 줄줄 흐르고, 말도 제대로 못 하셨죠. 그냥 두고 나올 수가 있나요? 일요일이라 동네 약국은 다 문을 닫았고, 결국 오토바이를 타고 종로 큰 약국까지 달려갔습니다. 약사님께 사정을 말씀드리고 할머니와 직접 전화 통화를 할 수 있게 연결해 드렸어요. 약을 받아 들고 다시 가 드시게 했는데, 그 자리에서 꼬깃꼬깃 주머니를 뒤져 돈을 내미시더라고요. 받을 수 없었죠. "건강만 하시면 됩니다" 하고 나왔어요. 그런데 다음 날, 제가 올 시간에 맞춰 문틈에 앉아 기다리시던 할머니가 구워 놓은 갈비를 내미셨어요. 꼭 아들에게 먹이고 싶은 마음으로 준비하신 것처럼요. 좁은 방에서 홀로 고기를 굽고 건

네셨을 그 마음을 떠올리니, 눈물이 핑 돌았습니다

성순 그 할머니가 사실은 우리 손님들 중에서 제일 까다로운 분이셨어요. 까다롭기로 치면 1등이었죠. 음식 간이나 맛 가지고 하루가 멀다 하고 타박을 하시거든요. '오늘은 왜 이렇게 싱겁냐', '국물이 왜 이러냐' 하고요. 그런데 또 그게 다 정이더라고요. 지금은 췌장암 판정을 받고 요양 병원에 계신데, 한번 전화를 드려서 "할머니 뭐 드시고 싶으세요?" 여쭤봤더니 조금도 안 망설이고 "소불고기 먹고 싶다" 하셨어요. 우리 집에서 자주 드시던 메뉴였거든요. 그래서 소불고기랑 과일을 챙겨 가서 드렸는데, 정말 맛있게 드시더라고요. 그때 할머니가 "내가 죽기 전에 꼭 신세를 갚겠다" 그러시길래 제가 웃으면서 "아휴, 할머니, 나한테 신세 갚기 전에 돌아가시면 안 돼!" 했어요. 투정 많고 입맛은 까다로우신데, 결국은 우리 음식을 제일 그리워해 주시는 분이라 각별합니다.

이렇게 동행식당을 계속 해 나갈 수 있는 동력은 무엇일까요?

영기 솔직히 힘든 날도 많습니다. 배달을 다니다 보면 '내가 여길 또 와야 하나' 싶은 순간도 있어요. 그런데 그럴 때마다 작은 힘을 주는 분들이 꼭 계십니다. 예전에 한 할아버지는 밥을 가져다 드리면 "옛촌 사장 고생한다" 하시면서 머리맡에 둔 사탕을 몇 알씩 꼭 나눠 주시곤 했어요. 또 어떤 날은 귤 몇 개를 내밀며 같이 먹자 하시고, 비 오는 날엔 "사장 비 맞으면 안 되지, 내 우산 가져가" 하시며 건네주시기도 했고요. 사탕 몇 알, 귤 몇 알, 우산 한 자루……. 별거 아닌 것 같아도, 그 안에 담긴 마음이 너무 커서 울컥할 때가 많습니다.

성순 저는 손님들이 식사 마치고 "잘 먹고 갑니다" 하시는 그 한마디가 제일 좋아요. 거창한 말씀은 안 하시지만, 그 짧은 말이 하루 피로를 다 잊게 합니다. 가끔은 "오늘은 진짜 맛있게 됐다" 하실 때가 있는데, 그 순간엔 저도 모르게 웃음이 나요. '내일은 더 맛있게 해 드려야지' 하고 다시 마음을 다잡게 되고요. 다들 연세가 있으셔서 말씀을 길게는 안 하시지만, 웃으면서 남기고 가시는 그 한마디 인사가 저에겐 가장 큰 힘이에요.

식당에서 만난 사람들끼리 더 가까워지도록 서로 연결해 드리기도 한다면서요.

성순 초창기엔 같은 건물, 바로 옆방에 살아도 서로 외면했어요. 얼굴은 알아도 알은체를 안 하시더라고요. 그때는

> **"이름을 붙여 드리니, 어느 날부턴가
> 서로 인사를 하시더라고요.
> 지금은 커피 한 잔, 아이스크림 하나를
> 놓고 둘러앉는 풍경도 흔해졌어요.
> 밥이 다리를 놓은 거죠."**

동행식당 시범사업 기간이라 지금처럼 카드가 아니라 종이 식권에 이름을 적고 오시던 시기였는데, 그 덕분에 저희는 손님들의 이름을 하나둘 외웠습니다. "이 삼촌은 저 삼촌 옆방에 살아요.", "이분은 연세가 더 많으니 형님이라고 부르세요." 그렇게 이름을 붙여 드리니, 어느 날부턴가 서로 인사를 하시더라고요. 지금은 커피 한 잔, 아이스크림 하나를 놓고 둘러앉는 풍경도 흔해졌어요. 밥이 다리를 놓은 거죠.

앞으로 동행식당이 어떻게 되었으면 좋겠나요?

성순 주변에 더 늘어났으면 좋겠습니다. 저희 집 된장찌개와 옆집 추어탕집 된장찌개는 다릅니다. 가게마다 손맛, 온도가 달라요. 선택지가 많아지면 식구들도 자기 몸 상태와 취향에 맞춰 더 잘 먹을 수 있습니다. 동네 곳곳에 이런 사랑방 역할을 하는 식당이 생긴다면, 고립과 은둔이 조금씩 줄어들 거예요. 밥을 핑계로 밖에 나올 이유가 생기고, 앉을 자리가 생기고, 함께 웃을 사람이 생깁니다. 그게 공동체가 다시 숨 쉬는 방식이라고 믿어요.

> 서로를 피하던 눈길이 인사가 되고, 인사가 대화로 번집니다. 그 대화는 어느새 정으로 자라났습니다. 생각보다 오래 걸리지 않은 변화였습니다. 동행식당에서 이름을 불러 주고 자리를 내주다 보니, 둘러앉아 커피 한 잔 나누는 풍경은 이제 자연스러운 일상입니다. 밥상 위에서 시작된 변화가 사람과 사람을 다시 잇는 다리가 되었습니다.

두 분에게 '서울'은 어떤 의미인가요?

성순 저희 둘 다 태어난 곳은 충청도지만, 여기서 일하고 살아온 세월이 훨씬 길어요. 그래서 서울은 제2의 고향이죠. 특히 종로로 자리를 옮기고 나서 쪽방촌 가족들을 만났잖아요? 이곳에서 만난 새 식구들이 저희에게 서울을 다시 가르쳐 줬습니다. 이름을 불러 주는 법, 밥으로 안부를 묻는 법, 마지막 길을 마음으로 배웅하는 법까지요. 서울은 그래서 '사람'인 거 같아요. 서로의 시간을 조금씩 나눠 가진 사람들. 그 사람들이 있어, 저희는 오늘도 불을 켭니다.

이야기를 나누면서 두 분이 다정한 사람들이라는
생각을 했어요. 두 분에게 '다정함'은 어떤
의미인가요?

성순 저는 동행 식구들만큼 다정한 분들은 없다고 생각해요. 다정하다는 게 꼭 뭘 해 줘서 느껴지는 건 아니잖아요. 마음이 오가는 게 더 중요하죠. 그런데 이분들은 참 정이 많으세요. 제가 봐도 '정이 너무 헤프다' 싶을 정도예요. 저만 보면 뭔가 나눠 주고 싶어 하시거든요.

가끔 투정도 많죠. 술 좋아하시는 삼촌이 계신데, "사장, 나 오늘 한 병만 더 줘!" 하고 고집을 피우세요. 제가 "안 돼, 삼촌. 오늘은 그만 드셔야 돼. 얼굴 벌겋잖아요" 하면, "에이, 사장 별로네!" 하면서 툴툴거리시죠. 그러다 결국은 "알았어, 그만 마셔야지 뭐" 하고는 웃으면서 젓가락을 내려놓으세요. '이제 그만 마셔라' 말할 수 있는 것도 서로 믿고 정이 있으니까 가능한 거잖아요. 그래서 저는 이런 게 다정함이라고 생각해요. 장난 삼아 욕도 하고, 타박도 하지만, 결국은 챙겨 주고 또 챙김 받는 관계. 그게 이 동네에서 제가 제일 크게 느끼는 다정함이에요.

"누구보다 정성을 다해 만들었으니,
드시는 분들도 그 정성을 느끼시고 몸이
조금이라도 나아졌으면 좋겠어요."

홍영기, 박성순 | 손님이 식구가 되는 다정한 식당

마지막으로, 옛촌을 찾아 주시는 손님들에게 전하고 싶은 말이 있다면요?

성순 동행 식구들이든, 일반 손님들이든 제가 바라는 건 단 하나예요. 제 음식을 드시고 모두 건강해지셨으면 좋겠습니다. 사실 음식 맛이라는 건 어느 집이든 거기서 거기일 수도 있어요. 하지만 누구보다 정성을 다해 만들었으니, 드시는 분들도 그 정성을 느끼시고 몸이 조금이라도 나아졌으면 좋겠어요. 특히 몸이 불편하신 분들은 밥 한 끼가 약이 되길, 탈 없이 건강을 지켜 주길 늘 바랍니다. 음식을 만들 때마다 '이거 드시고 건강하셨으면 좋겠다'는 마음을 담아요. 제일 간절한 소망이죠.

영기 가끔 언제 이렇게 세월이 빨리 갔나 싶어요. 언제까지 식당을 할 수 있을지는 모르겠지만, 동행 식구들만큼은 끝까지 함께하고 싶습니다. 저희가 식당 문을 닫는 날이 오더라도, 건강이 허락하는 데까지는 한 식구처럼 지내고 싶어요. 경기도 어렵고 살기도 팍팍하지만, 서로 안부를 챙기고 건강을 기원하면서 지내는 게 결국 가장 큰 힘이자 보람이에요.

동행식당

동행식당은 쪽방촌 등 주거 취약 계층 주민들에게 하루 한 끼의 따뜻한 식사를 제공하면서 지역 식당과 상생하는 복지 모델로 운영되고 있다. 단순 무료 배식의 형태가 아니라, 쪽방촌 인근의 일반 식당을 동행식당으로 지정해 주민들이 식권을 사용해 식사를 하는 방식으로, 서울시가 1인당 9000원의 비용을 지원한다. 이렇게 주민들은 원하는 식당과 메뉴를 선택할 수 있고, 참여 식당은 안정적인 매출을 얻는 상생 구조가 형성된다.

2022년 43개소였던 동행식당은 2025년 51개소로 늘어났으며, 이용률도 2022년 65.5%에서 2024년 75.8%로 지속적으로 높아지고 있다. 2024년 한 해 동안 제공된 식사는 총 61만 3000여 끼로, 하루 평균 약 1700명이 이용했다. 사업에 참여한 식당주의 만족도도 높다. 대부분이 매출 증대 효과를 체감했고, 93%가 계속 참여를 희망하는 것으로 조사됐다.

동행식당은 지역 사회의 돌봄 기능을 강화하는 역할도 한다. 식당 이용 기록을 모니터링해 일정 기간 이용이 없거나 평소와 다른 패턴이 감지되면 돌봄 매니저나 간호사가 직접 안부를 확인하고, 거동이 불편한 주민에게는 음식을 배달하며 건강 상태를 살피기도 한다. 동행식당은 식사 지원을 넘어 주민의 안전과 건강을 함께 돌보는 안전망으로 확장되고 있다.

▶ 120다산콜센터 ☎ 02-120

다정한 노트

필사 노트

다정하다는 게 꼭 뭘 해 줘서 느껴지는 건 아니잖아요. 마음이 오가는 게 더 중요하죠. 장난 삼아 욕도 하고, 타박도 하지만, 결국은 챙겨 주고 또 챙김 받는 관계. 그게 이 동네에서 제가 제일 크게 느끼는 다정함이에요.

다정한 일기 나에게 묻는 질문

☞ 잊을 수 없는 한 끼의 식사가 있나요?

☞ 오늘 한 끼 식사를 함께하고 싶은 사람을 떠올려 보세요.

☞ 그 사람과 함께 먹고 싶은 음식이 있나요?

☞ 당신에게 누군가와 함께 밥을 먹는 시간은 어떤 의미인가요?

홍민기   기댈 수 있었기에,
다시 일어설 수 있었다

꿈꾸는 친구

낮에는 일을 하고 저녁엔 치위생사 자격증 공부를 하고 있다. 작년까지만 해도 거동이 불편한 아버지를 돌보느라 일상을 챙길 수 없었다. 어깨가 불편한 어머니를 대신해 간병을 전담하다 보니 고정된 일을 하기가 어려웠고 생활비는 늘 걱정이었다. 몸도 마음도 버거웠던 시절, 잠시 숨 고를 틈이 필요했다. 우연히 발견한 서울시의 디딤돌소득 시범사업은 그에게 조금의 여유와 일어설 힘을 주었다. 그렇게 막막하기만 하던 미래가, '무엇을 해볼까' 생각하고, 실천하는 시간으로 바뀌어 간다. 그 변화의 한가운데에는 묵묵히 자신을 다독여 온 단단한 청년이 있다.

오늘 하루는 어떻게 보냈나요?

아르바이트를 마치고 바로 왔습니다. 4월부터 주 5일 오전 10시부터 오후 6시까지 패스트푸드점 주방에서 일하고 있어요. 요즘은 신메뉴가 잘나가서 엄청 바쁘네요. 끝나고 집에 가면 저녁 먹고 좀 쉬다가 치위생사 자격증 공부를 하고 새벽 1시 전에 잡니다. 토요일엔 공부도 하고 책도 읽고 어머니와 외출도 해요. 일요일은 주로 교회에서 시간을 보내고요. 아버지를 간병하던 작년과 비교하면 굉장히 규칙적인 일상을 보내고 있습니다.

아버지를 간병할 때의 일상은 지금과 많이 달랐을까요?

아버지가 만성 신부전증이라 투석을 받으러 가야 했는데 준비 과정이 복잡해요. 월요일 새벽에 간다면 전날 밤 10시부터 준비가 시작되거든요. 씻는 것을 도와드리고 3시간 정도 눈을 붙인 다음, 다시 일어나 옷을 입혀 드리죠. 거동이 불편해 장애인 이동 차량을 불러야 하는데, 우리 집까지 오는 데 시간이 걸리니 미리 불러 놓고 쪽잠을 자다가, 연락이 오면 새벽에 나가는 거예요. 그렇게 투석실에 다녀오면 오전 11시예요.

피곤하니까 잠을 자느라 낮 시간은 그냥 지나가요. 이 과정을 월, 수, 금 일주일에 세 번씩 해야 하는 거죠. 게다가 아버지는 그동안 네 번의 심장 발작을 겪었어요. 언제 또 심장 발작이 다시 올지 몰라 제가 늘 붙어 있어야 하는 상황이었습니다.

간병은 언제부터 시작했나요?

아버지가 신부전증으로 처음 쓰러지신 게 제가 초등학생 때였어요. 그때부터 어머니가 아버지를 간호하다 보니 제가 동생을 돌보고 공과금을 내는 등 집안을 챙겼죠. 어머니도 어깨가 안 좋아지시면서 제가 아버지 돌보는 일을 전담하게 되었습니다. 대학생 때는 부사관이 되려고 기숙사 생활을 했는데, 금요일 오후면 집에 와서 주말 내내 아버지를 돌봤습니다.

간병하며 가장 힘든 부분은 무엇이었나요?

일단 아버지와 계속 붙어 있어야 하니까 제 시간을 확보하기가 어려웠어요. 새벽에 일어나야 하는 일이 많아서 낮에는 자게 되고요. 생활 패턴이 규칙적이지 않은 것이 가장 힘들었던 것 같아요.

아버지는 신부전증 투병 도중 뇌졸중으로도 한 번 쓰러지신

"제 시간을 확보하기가 어려웠어요.
새벽에 일어나야 하는 일이 많아서
낮에는 자게 되고요. 생활 패턴이
규칙적이지 않은 것이 가장
힘들었던 것 같아요."

적이 있는데요. 그다음부터는 성격도 많이 변하셨어요. 특별한 이유 없이 저를 불러 혼내는 일도 종종 있었죠. 이런 상황에서 학업을 병행하는 것도 힘들었는데, 부사관이 되어야만 한다는 압박감이 심해지다 보니 결국 공황장애가 왔어요. 학교를 자퇴했죠. 병원에 가서 제 상황을 이야기했더니 스트레스가 쌓이고 쌓여서 공황장애로 터진 것 같다고 하더라고요.

아버지처럼 거동이 불편한 환자들을 위한 공공 서비스를 지원받는 것도 고려해 볼 수 있었을 텐데요.

재가 서비스 같은 제도가 있다는 건 알고 있었죠. 하지만 아버지와 마찰이 생길 것 같아 외부의 도움을 받기가 두려웠어요. 예상치 못한 행동으로 도와주시는 분께 피해를 주면 안 되잖아요. 좀 힘들어도 내가 하는 수밖에 없다고 생각했어요. 별다른 방법이 없다고 느꼈습니다.

> 간병 스트레스에 학업 스트레스까지 겹쳐 공황장애가 왔습니다. 돌봄을 전담하느라 고정적인 일을 하기가 어려웠고, 생활비는 부족했습니다. 그렇게 진퇴양난의 상황에서 알게 된 디딤돌소득은 숨쉴 수 있는 틈이 되어 주었습니다.

아버지를 돌보는 동안에는 일을 하기 어려웠을 것 같아요.

제가 아버지 간병을 전담하고 있었으니까요. 기초생활수급자 생계급여를 받고 있었는데, 섣불리 일을 시작했다가 자격을 박탈당할 가능성도 있었고요. 게다가 부사관 과정을 공황장애로 그만두면서 당시 군 병원에서 서류 처리가 되지 않아 행정적으로 전역도 면제도 아닌 상태가 되었거든요. 일을 시작하기가 더 어려웠어요. 늘 쪼들리던 중 알게 된 것이 디딤돌소득이었습니다.

디딤돌소득은 어떻게 알게 되었나요?

어머니가 뉴스에서 봤다며 우리 집 상황에 맞는 것 같으니 조건이 되면 지원해 보라고 말씀해 주셨습니다. 정보를 찾아보다가 서울복지재단에 올라온 공고를 발견했어요. 1단계, 2단계는 모집이 끝났고 가족돌봄청년을 대상으로 하는 3단계 지원을 받고 있었습니다. 당시는 무척 절박한 심정으로 신청했어요. 됐으면 좋겠다는 마음뿐이었죠.

선정되었을 때 가슴을 쓸어내렸겠어요.

솔직히 말씀드리자면, 선정되었다는 연락을 받고 방에서 혼자 많이 울었습니다. 정말 오랜만에 가족과 외식을 했던 기억이 납니다.

디딤돌소득 지원을 받으면서 가장 큰 변화를 느낀 부분이 있다면요?

일을 해서 소득이 생겨도 수급에는 지장이 없다는 것이 가장 달랐어요. 받는 금액에 변동이 있을 뿐 수급 자체가 중단되지는 않거든요. 취업을 준비하고 있는 입장에서는 정말 큰 의미입니다.

작년 9월 힘든 일을 겪었다고 들었어요.

아버지가 돌아가셨습니다. 그해 치위생사 자격증 시험을 아예 포기해야 했죠. 전에는 아버지를 돌보느라 공부하기가 어려웠는데, 그때는 완전히 공부를 놓을 수밖에 없었어요. 비로소 요즘에야 감각을 다시 찾는다는 느낌으로 조금씩 공부를 시작하고 있습니다.

> **"솔직히 말씀드리자면, 선정되었다는 연락을 받고 방에서 혼자 많이 울었습니다."**

이렇게 힘든 상황 속에서 버틸 수 있는 힘은 어디에 있었을까요?

너무 힘들었는데 어머니를 보면서 겨우 버텼습니다. 지금 어머니한테는 나밖에 없는데, 내가 정신 똑바로 차리지 않으면 안 된다는 생각을 자주 했죠. 체력적으로는 초등학교 1학년 때부터 23살까지 했던 태권도의 도움을 받았던 것 같아요. 무엇보다 큰 힘이 되었던 건 고등학교 친구들이에요. 제 힘든 이야기를 다 들어주고 발인까지 함께해 준 덕분에 그 시기를 버틸 수 있었다고 생각합니다.

학창 시절을 보낸 곳도, 아버지를 간병한 곳도, 지금 일하고 있는 곳도 서울이에요. 서울은 어떤 도시인지 들어보고 싶습니다.

저는 중랑구 중화동에서 태어나 쭉 살았던 서울 토

박이예요. 골목길까지 하나하나 꿰고 있을 정도로 잘 알아요. 그래서 오히려 서울이 어떤 도시인지 말하기 어려운데요. 제가 살아온 모든 기억이 압축된 도시라고 할 수 있으니까요. 좋은 기억도, 나쁜 기억도 다 서울에 있죠. 각박한 면이 있는 도시이지만, 큰 힘이 되어 준 친구들도 여기서 만났어요. 디딤돌소득으로 숨쉴 틈을 찾을 수 있었던 것도 서울이어서 가능했던 일이고요.

> 서울에서 나고 자란 그가 지금까지 살아온 모든 시간이 서울이라는 도시의 풍경에 새겨져 있습니다. 때론 각박하게 느껴지는 도시이지만, 이곳에서 큰 힘이 되어 준 친구들을 만났고, 도움의 손길을 느꼈습니다.

이렇게 개인적인 이야기를 솔직하게 들려주는 일이 쉽지 않았을 것이라 생각해요.

제 이야기를 하는 이유는 디딤돌소득이 정식 사업이 됐으면 좋겠다는 마음이 크기 때문이에요. 저에게는 정말 큰 도움이 되었는데, 저보다 어린 친구들이나 더 힘든 분들에게도 도움이 되었으면 하는 바람입니다. 생각보다 주변을 둘러보면 가족이 아프고 힘든 상황인데도 복지 제도에서 소외되는 경우가 많아요. 앞으로도 디딤돌소득이 어려운 사람들에게 힘을 주는 버팀목이 되었으면 해요.

힘든 시간을 보내는 가족돌봄청년들에게 해 주고 싶은 말이 있을까요?

진짜 아무리 힘들고 죽고 싶어도 지금 포기하고 정신을 놓으면 다 끝이에요. 찾아보면 도움받을 수 있는 지원 사업들이 있어요. 꼭 찾아서 활용하세요. 더 악착같이 살아가다 보면 숨통이 트이고 길이 보일 거예요. 그게 나와 내 가족들의 미래를 위한 길이 될 수 있다고 생각하면서 살아가면 좋겠습니다.

> 유독 힘들었던 한 해를 뒤로하고, 올해는 새로운 마음으로 달라진 생활에 적응하고 있습니다. 일하고 공부하는 규칙적인 일상을 반복하며, 생각해 본 적 없던 미래를 그려 보기도 합니다. 자신만의 속도로 천천히 세상을 탐색해 보고 싶은 것이 지금의 꿈입니다.

어떤 사람이 되고 싶나요?

태권도를 오래 하면서, 도장에서 좋은 관장님과 사범님을 많이 만났어요. 그분들에게서 공적인 것과 사적인 것을 확실히 나눠서 행동하는 법을 배웠죠. 존경받는 어른이란 저런 거구나 생각했던 적도 많아요. 저도 그 스승님들처럼 친구 같으면서도 존경할 수 있고, 어떤 상황에도 아이들이 믿을 수 있는

"지금 포기하면 다 끝이에요. 찾아보면
도움받을 수 있는 지원 사업들이 있어요.
꼭 찾아서 활용하세요."

어른이 되고 싶습니다.

믿을 수 있는 사람이 된다는 건 어떤 의미일까요?

약속을 지키는 사람이 되는 것이라고 생각합니다. 교회에서 아동부 선생님을 10년간 했는데요. 그동안 아이들에게 강조해 왔어요. 선생님은 너희랑 약속한 건 무조건 지킨다고요. 혼을 많이 내는 편이라 무서운 선생님으로 통하긴 하는데, 그 훈육이 통하려면 그냥 무섭게 해서는 안 되고 평소에 아이들과의 약속을 꼭 지켜야 아이들도 저와 한 약속을 지키려고 노력하거든요. 그렇게 믿음을 쌓아야 아이들이 다정한 어른으로 느낄 수 있는 것 같아요.

서울이 지금보다 따뜻한 도시가 되려면 무엇이 필요하다고 생각하시나요?

사람들이 서로를 너무 믿기 어려워해서 점점 더 각박해진다고 생각해요. 타인을 적으로까지 여기는 느낌도 들고요. 구체적인 방법을 떠올리긴 어렵지만, 평범한 사람들이 서로에 대한 믿음을 회복할 수 있는 계기가 생기면 좋겠습니다.

다정함이란 어떤 것일까요?

다정해지기 위해서는 평소에 안 하던 말을 해야 한다고 생각하기 쉬운 것 같아요. 하지만 저는 오히려 반대의 경우가 다정함이라고 생각해요. 그냥 아무 말 없이 상대방의 말을 들어주는 거예요. 그 사람이 하고 싶은 이야기를 다 할 수 있게끔 말이죠. 쉽지는 않은 일 같아요. 대화를 하다 보면 중간에 내 말을 얹고 싶을 때가 많잖아요. 다정한 사람은 그걸 참고 기다리고, 귀 기울이는 것 같아요.

마지막으로, 앞으로의 계획을 들려주세요.

지금은 그냥 남들처럼 평범하게 살고 싶습니다. 이제 겨우 스스로 일을 하고 있고 공부도 하고 있어요. 당장은 치위생사를 목표로 공부를 하고 있지만, 이것만이 유일한 길은 아니라고 생각합니다. 지금 일하고 있는 패스트푸드점에서 더 오래 일하다가 매니저 시험을 봐서 매니저가 될 수도 있을 거예요. 한 가지 길에만 얽매이지 않고 다른 길도 생각하며 천천히 걸어가 보고 싶습니다.

디딤돌소득

디딤돌소득은 서울시가 저소득 시민의 안정적인 삶을 돕기 위해 마련한 새로운 형태의 소득 보장 제도다. 소득이 적을수록 더 많이 지원하는 하후상박下厚上薄형 구조로, 가구의 실제 소득이 기준 중위소득 85% 기준액보다 낮을 경우 그 차액의 50%를 서울시가 현금으로 지원해, 시민이 최소한의 생활 기반을 유지할 수 있도록 돕는 제도다.

이 사업은 2022년부터 시범사업 형태로 시작됐다. 기준 중위소득 85% 이하이면서 재산이 3억 2600만 원 이하인 가구가 기본 대상이다. 소득과 재산 기준만으로 참여 가구를 공개 모집 및 무작위 선정하여 제도 사각지대에 놓인 저소득 가구도 충분한 지원을 받을 수 있고, 소득 기준을 초과해도 수급 자격이 유지되는 것이 특징이다.

2025년 6월, 지원은 종료되었으나 서울시는 제도 시행 후 효과를 분석하기 위한 연구와 추적 조사를 병행해, 실제로 시민의 삶의 질 개선과 빈곤 완화에 얼마나 도움이 되는지를 검증하고 있다.

▶ 디딤돌 소득 https://ssi.welfare.seoul.kr/

다정한 노트

필사 노트

다정해지기 위해서는 평소에 안 하던 말을 해야 한다고 생각하기 쉬운 것 같아요. 하지만 저는 오히려 반대의 경우가 다정함이라고 생각해요. 그냥 아무 말 없이 상대방의 말을 들어주는 거예요. 그 사람이 하고 싶은 이야기를 다 할 수 있게끔 말이죠. 쉽지는 않은 일 같아요. 대화를 하다 보면 중간에 내 말을 얹고 싶을 때가 많잖아요. 다정한 사람은 그걸 참고 기다리고, 귀 기울이는 것 같아요.

다정한 일기　　　　나에게 묻는 질문

☞ 지금의 나에게 기댈 곳이 되어 주는 디딤돌 같은 존재는 누구인가요?

☞ 나에게 평범한 행복이란 무엇인가요?

☞ 나에게 믿음을 주는 사람은 어떤 사람인가요?

☞ 쉬어 갈 수 있는 잠깐의 여유가 주어진다면, 무엇을 하고 싶나요?

김점수   사람을 일으켜 세우는
단 한마디의 희망

따뜻한 친구

한 번의 사기로 해외에서 20년간 일군 사업을 몽땅 잃고 서울로 돌아온 그의 손에 남은 건 100만 원도 채 안 되는 돈과 깊은 절망뿐이었다. 노숙 생활을 하던 그를 일으킨 건 뜻밖에도 인문학 수업이었다. 노숙인, 저소득층 등 취약계층을 위해 서울시가 여는 '희망의 인문학'은 무너진 자립 의지를 세워 새 삶을 설계하도록 돕는 프로그램이다. 16주 동안 배운 건 단편적 지식이 아니라, 다시 일어서는 법과 오늘을 버티고 내일로 나아가는 힘이었다. 오늘도 그는 '무너지지 말자'를 되뇌며 하루를 한 겹씩 쌓아 올리고 있다.

자기소개를 부탁드립니다. 지금 어떤 일을 하고 있나요?

노숙인 자활 센터에 있다가 작년 11월에 민간 업체에 취업해 일하고 있어요. 회사는 주로 의류 브랜드와 거래합니다. 브랜드에서 디자인이 확정되면, 거기에 맞는 원단, 지퍼 같은 부자재를 저희가 공급하죠.

의류 분야에서 일한 경험이 있었나요?

네. 중국에서 20년 넘게 의류 공장을 운영했습니다. 메르스 때도, 코로나19로 도시가 봉쇄됐을 때도 잘 버텼는데, 결국 '사기'를 이겨 내지 못했어요. "우리가 몇 만 장 주문을 하겠다"는 달콤한 제안을 덥석 물었는데, 결론은 사기였죠. 그 와중에 직원들 월급은 챙겨야 해서 사비를 계속 썼어요. 사기 피해까지 겹치니 더는 감당할 수가 없겠더라고요. 결국 모든 걸 정리하고 한국으로 돌아올 수밖에 없었습니다.

20년 동안 들인 노력이 너무 허무하게 무너졌네요.

맞아요. 중국에 처음 갈 때 손에 쥔 건 고작 80만 원뿐이었습니다. 맨땅에 헤딩하는 기분이었죠. 그렇게 20년을 살았는데, 한국으로 돌아올 때도 똑같이 80만 원만 들고 오게 됐어요. 갈 때도 80만 원, 올 때도 80만 원.

그 사이 모든 걸 다 까먹고, 공장도 정리하고 돌아왔습니다. 처음엔 '며칠 쉬고 나면 금방 일자리를 구할 수 있겠지' 했어요. 현실은 생각과는 다르더라고요. 돈은 하루가 다르게 빠져나가는데 들어오는 건 하나도 없었거든요. 막막함과 절망이 점점 쌓여 갔습니다.

한국에 돌아왔을 때 가족이나 친구들처럼 도움을 요청할 분들은 없었나요?

사실상 없었어요. 누님은 제가 중국에 있을 때 암으로 돌아가셨고, 부모님도 이미 세상을 떠나신 상태였거든요. 중국 생활이 길어지다 보니 친구들과도 자연스럽게 연락이 끊겼죠. 그래서 예전에 거래하던 분들께 전화를 몇 통 드렸습니다. "김 팀장입니다"라고 인사하면 처음엔 반가워하시지만, 제가 한국에 들어온 사정을 말씀드리면 대부분은 전화를 피하거나 아예 끊으시더라고요.

그런 어려운 생활을 하던 중에 극단적인 생각도 했다고 들었어요.

통장에 남은 돈이 정말 몇 만 원밖에 없었어요. 가진 게 바닥나니 '이제는 여기까지구나' 하는 마음이 들었습니다. 소주 한 병하고 수면제를 챙겨서 청평으로 갔죠. 겨울이라 '사람 없는 곳에서 술 마시고 약 먹고 그냥 잠들면 이 모든 걸 조용히 끝낼 수 있겠다' 싶었어요.

산을 오르는 길에 소지품을 하나씩 버렸습니다. 신분증까지 버리면서 '이제는 정말 끝이다' 했는데, 이상하게도 제가 가는 곳마다 사람들이 나타나 저를 막았어요. "거기 있으면 안 돼요! 내려오세요!"라고 소리치더라고요.

나중에 교회 목사님께 이 얘기를 드렸더니 "정말 죽을 운명이었으면 아무도 말리지 않았을 거다. 네가 간 자리마다 사람이 있었다는 건 아직 살라는 뜻이다"라고 하시더라고요. 그 말이 아직도 마음에 남아 있어요.

그 후에는 어떻게 지냈나요?

청평에서 돌아온 뒤 이틀 정도는 찜질방에서 지냈어요. 그런데 돈이 다 떨어지니 더는 버틸 수 없었습니다. 결국

거리로 나와 노숙을 하게 됐습니다. 신도림역, 대림동 근처에서 주로 지냈는데, 겨울이라 밤이 너무 추웠어요.

겨울에 노숙한다는 게 쉽게 상상이 되지 않아요.

군대에서 혹한기 훈련을 해보신 분들은 아실 거예요. 제 노숙 생활은 그것과 비슷했습니다. 다만 훈련은 여러 장비가 있지만, 저는 아무런 준비가 없었죠. 외투 하나 걸치고 다리 밑이나 구석에 앉아 있다가, 추위에 몸이 떨리면 다시 자리를 옮기는 식이었어요.

심리적으로도 많이 힘들었을 것 같아요.

사실 추위보다도 힘들었던 건 자책이었습니다. '내가 왜 이렇게 됐을까.' 이 생각이 머릿속을 떠나질 않았어요. 사기를 친 사람을 욕하기도 하고, '그때 그 전화를 받지 않았더라면……' 하고 스스로를 원망하기도 했습니다. 사람들의 시선도 힘들었어요. '저 사람이 날 어떻게 볼까? 혹시 누가 알아보면 어떡하지.' 이런 생각이 꼬리를 물면서 매순간 불안했어요. 사람이 강해 보여도 무너지는 건 한순간이더라고요. 저도 그렇게 무너졌습니다.

"사실 추위보다도 힘들었던 건 자책이었습니다. '내가 왜 이렇게 됐을까.' 이 생각이 머릿속을 떠나질 않았어요."

생각해 보면 그때 수중에 돈이 한 푼도 없었던 게 다행이었어요. 조금이라도 있었다면, 아마 술로 버티다 더 안 좋은 상황에 빠졌을지도 몰라요. 그랬다면 지금 여기서 인터뷰를 하고 있지도 못했겠죠.

쉼터에는 어떻게 들어가게 됐나요?

와이파이가 잡히는 곳에서 '노숙인 쉼터'를 검색해 전화를 여러 군데 했습니다. 그런데 다들 "자리가 없다, 겨울이라 꽉 찼다"는 대답뿐이었어요. 마지막으로 전화를 건 곳에서만 이렇게 말씀하시더군요. "일단 오셔서 상담부터 받아 보세요." 그 한마디가 얼마나 고마웠는지 모릅니다.

다음날 아침 7시에 미리 도착해 9시까지 기다렸다가 상담을 받았어요. 담당 복지사님이 제 얼굴을 보고는 이렇게 말씀하셨어요. "일단 며칠만 여기서 쉬세요. 밥도 잘 먹고, 몸도 회복하세요. 그러고 나서 얘기합시다." 그 말이 참 위로가 됐어요. 처음에는 정식 입소가 아니라 '가입소' 형태였지만, 그 순간 분명히 느껴졌어요. '아직 나를 받아 주는 곳이 있구나.'

절망의 바닥에서 사람을 살린 건 말 한마디였습니다. "일단 오셔서 상담부터 받아 보세요"라는 다정한 한마디에 쉼터로 향할 수 있었습니다. 그곳에서 제때 밥을 먹고, 씻고, 눕고, 다시 할 수 있는 일을 적었습니다. 그 한 걸음이 재출발의 첫 단추가 되었습니다.

쉼터에서의 생활은 어땠나요?

매일 세 끼 밥을 제대로 챙겨 먹을 수 있었고 몸도 추스를 수 있었습니다. 그게 얼마나 감사한 일이었는지 몰라요. 그런데 시간이 지나니 이런 생각이 들더군요. '이렇게 아무것도 안 하고 누워만 있으면 바보가 되겠다, 뭔가 해야겠다.' 그래서 자활 프로그램에 참여하겠다고 했습니다. 당시 쉼터에는 주방 보조나 야외 배식 같은 자활 업무가 있었거든요. 그 일을 맡게 됐어요. 월 70만 원 정도 수당으로 1년 정도 일하며 목표를 세웠습니다. '여기 오래 눌러앉지 말고, 잠시 쉬었다가 나가자.' 쉼터는 말 그대로 잠시 쉬는 곳이지, 평생 머무는 곳이 아니라고 스스로 되뇌었어요.

'희망의 인문학' 강좌는 어떻게 참여하게 되었나요?

쉼터 사무실에서 "서울시에서 이런 프로그램을 한

다는데, 한번 들어 보시겠어요?"라고 제안을 하시더라고요. 당시에는 솔직히 '쉼터에 누워만 있는 것도 답답하니, 나가서 잠깐 앉아 있다 오자' 하는 마음이었죠. 사실 인문학이라고 하면 고리타분하고 지루하다는 이미지가 있잖아요? 그래서 큰 기대는 없었습니다.

첫 수업 날을 기억하나요?

솔직히 조금 별로였어요. 저를 포함해 학생이 여덟 명이었는데, 여기저기 잡담도 많고 분위기도 어수선했거든요. 엎드려 계신 분도 있었고요. 대부분 '그냥 한 시간 반만 때우다 가자' 하는 마음으로 앉아 있었던 것 같아요. 그런데 수업이 이어질수록 달라졌습니다. 강사님은 준비를 더 단단히 해 오셨고, 우리도 점점 집중하기 시작했어요. 오래 잊고 살던 공부하는 느낌이 다시 살아났습니다. 발표나 토론에 참여하는 사람도 하나둘 늘면서, 분위기가 차츰 진중해졌어요.

수업 분위기가 바뀐 계기가 있을까요?

저만 하더라도 인문학과 거리가 먼 사람이었어요. 20년 넘게 사업만 하며 살았으니까요. 그런데 수업을 통해 역

> "늘 "틀렸다", "못했다"는 말을 듣던
> 사람들이었는데, 여기서는 틀려도
> 칭찬을 받았습니다. 자연스럽게
> 자신감이 생겼고, 태도도 달라졌어요."

사 속 인물들의 낯선 이야기를 접하면서 신선함을 느꼈어요. 특히 강사님이 역경 속에서도 꿈을 잃지 않고 버텨 낸 사람들의 이야기를 자주 들려주셨거든요. 그리고 강의가 끝날 때마다 꼭 말씀하셨어요. "다음 주에도 건강한 모습으로 만납시다.", "여러분도 할 수 있습니다." 그 말들이 반복되면서 분위기가 조금씩 달라진 것 같아요.

수업 방식도 좋았어요. 질문을 주고받는 것보다 퀴즈 형식이 많았는데, 맞히면 작은 상품을 주셨습니다. 틀려도 "잘하셨어요, 기억력이 좋으시네요" 하고 격려해 주셨어요. 늘 "틀렸다", "못했다"는 말을 듣던 사람들이었는데, 여기서는 틀려도 칭찬을 받았습니다. 자연스럽게 자신감이 생겼고, 태도도 달라졌어요.

특히 재미있거나 도움이 됐던 과목이 있을까요?

저는 철학과 심리 수업이 특히 인상 깊었습니다. 사

업을 오래 하다 보니, 제 나름대로는 사람을 잘 안다고 생각했 거든요? 거래처를 상대하고 직원들을 관리하면서 사람을 다룰 줄 안다고 자부했죠. 그런데 수업을 들으며 깨달았어요. 사람의 마음을 안다는 건 단순한 경험만으로는 부족하다는 걸요. 관계를 맺는 방식, 마음이 움직이는 원리 같은 걸 배우면서 '아, 내가 그동안 너무 단편적으로만 사람을 봤구나' 하고 느꼈습니다. 그 이후로는 책을 읽을 때도 철학·심리 서적을 더 찾아보게 됐고, 지금도 관심이 이어지고 있어요.

> '희망의 인문학' 수업은 지식을 채우는 시간이 아니었습니다. 맞혀도 틀려도 늘 칭찬이 따라왔고, 질문과 답변 대신 퀴즈와 웃음이 오갔습니다. "여러분도 할 수 있습니다"라는 말이 하루를 버티는 힘이 되었죠. 16주 동안 개념보다 자신감을, 이론보다 사람과 관계 맺는 법을 배웠습니다.

수업을 들으면서 가장 기억에 남는 순간이 있다면요?

어느 날, 서로의 얼굴을 그려 보는 활동을 했어요. 종이 한 장을 서로 돌려 가며 옆 사람의 코, 눈, 입을 한 부분씩 그리고, 여러 사람이 모여 한 사람의 얼굴을 완성하는 방식이었죠. 대충 장난처럼 그렸는데도 꽤 닮았더라고요. "내 코가 왜 이렇게 생겼어?" 하면, 옆 사람이 "내 눈엔 그렇게 보여" 하며 웃음이 터졌죠. 서로가 서로를 어떻게 보고 있는지 알 수 있었고, 마음을 여는 계기가 됐습니다. 수업을 들으면서 여덟 명 모두 조금씩 변했어요. 몇몇 분은 자활을 시작했고, 공공 근로나 다른 일자리를 찾아 나서기도 했습니다. 그 과정을 보며 저도 용기를 얻었습니다.

특히 많이 달라진 분이 있었나요?

늘 어두운 표정이었던 분이 있었어요. 말수도 적고, 항상 시무룩했죠. 그런데 수업을 들으면서 달라졌습니다. 강사님이 자주 칭찬을 해 주셨어요. "잘하셨습니다, 잘하셨어요." 그 말에 힘을 얻은 건지, 그 분도 점점 웃음을 찾고 농담도 하고 대화에도 적극적으로 참여하기 시작했습니다. 수업 시간이 되면 얼굴이 환해지더라고요. 평소엔 무표정에 가까웠는데, 그 시간만큼은 완전히 다른 사람이 된 것 같았습니다.

희망의 인문학 16주 과정을 마친 뒤, 마음가짐에 어떤 변화가 있었나요?

'그래, 더 열심히 살자. 한눈팔지 말고 다시 시작하자.' 이렇게 마음을 다잡았어요. 중국에서 돌아왔을 땐 완전히 가라앉아 있었고, 자존감도 바닥이었거든요. 그런데 강사님이 "선생님은 원래 의류 쪽에서 일하셨죠? 선생님이라면 정말 잘하실 것 같아요"라고 말씀해 주실 때마다 자존감이 다시 올라갔습니다. 그 격려가 저를 붙잡아 줬어요. '다시 한번 준비해 보자. 여기서 연계해 주는 일자리도 좋지만, 민간 업체로 나가 자립해 보자.' 그렇게 다시 사회로 나갈 힘이 생겼습니다.

인문학 수업으로 도전할 힘을 얻은 거네요.

수업이 끝나고 5개월 정도 구직 준비를 했습니다. 구직 사이트에 이력서를 올리고, 면접도 여러 번 봤죠. 떨어지기도 많이 했지만 포기하지 않고 계속 시도했고, 결국 작년 11월 지금 회사에 들어가게 됐습니다.

합격 소식을 들었을 때 어땠나요?

원래는 품질 관리 부문으로 지원했어요. 영업이나 사람 상대하는 일은 이제 그만하고 싶었거든요. 중국에서 20년 넘게 사업을 하며 사람 때문에 받은 상처가 컸으니까요. 그런데 면접에서 실장님이 제 이력을 보시더니 "영업 쪽이 더 맞지 않겠냐"고 권하셨어요. "한 번 해 보시죠. 아니다 싶으면 그때 옮겨 드리겠습니다." 그 말을 듣고 결국 도전하기로 했습니다. 며칠 뒤 전화로 "한 번 같이 해 보시죠"라는 연락을 받았을 때, 정말 가슴이 벅찼습니다. '나도 다시 사회에 설 수 있구나.' 이런 확신이 들었어요.

첫 월급을 받던 순간을 기억하나요?

감격스러웠습니다. 자활 센터에서 일할 때는 몇 십만 원이 전부였는데, 첫 월급 명세서에 일곱 자릿수가 찍힌 걸 보고 손이 떨릴 정도로 기뻤어요. 그날 오전 10시쯤 카카오톡으로 급여 명세표가 왔는데, 전 외근 중이었거든요. 밖에서 한동안 그 화면만 바라봤습니다. '내가 몇 년 만에 다시 받아 보는 급여 명세서구나.' 바로 은행에 가서 적금을 들었습니다. 금액의 많고 적음을 떠나, 제 이름으로 월급이 들어온다는 사실 자체가 너무 소중했거든요.

회사 생활에 만족하고 있나요?

그럼요. 큰 규모는 아니지만 안정적으로 운영되는

"아침에 눈을 떴을 때 출근할 곳이 있다는 게 얼마나 큰 복인지 예전에는 몰랐거든요. 몇 시간을 열심히 일한 뒤 다시 돌아올 곳이 있는 지금의 모습이 너무 좋아요."

곳이에요. 사실, 일할 수 있다는 것 자체가 행복입니다. 더군다나 경기가 어려운 요즘 같은 때는 더더욱 그렇죠. 아침에 눈을 떴을 때 출근할 곳이 있다는 게 얼마나 큰 복인지 예전에는 몰랐거든요. 몇 시간을 열심히 일한 뒤 다시 돌아올 곳이 있는 지금의 모습이 너무 좋아요.

이제 곧 입사 1년이네요.

시간이 참 빨리 갔어요. 최근에 저희 회사 회계 담당자분이 퇴직 연금 이야기를 하면서 "5년짜리 퇴직 연금을 들어 보라"고 권유하시더라고요. 제가 "제가 회사를 5년까지 다닐 수 있을까요?" 하고 농담처럼 말하니 이렇게 답하셨어요. "대리님, 무슨 말씀이에요. 5년은 기본으로 채우셔야죠." 그 말이 참 고마웠습니다. 제가 이 회사에서 필요한 존재라는 걸 느낄 수 있었거든요.

앞으로 이루고 싶은 꿈이나 목표가 있다면요?

먼 미래의 거창한 꿈은 없습니다. 지금 다니는 회사에서 꾸준히 일하고 저축하면서, 지금의 이 마음을 잃지 않는 것이 목표예요. '무너지지 말자. 한눈팔지 말고 꾸준히 가자.' 매일 이렇게 다짐합니다. 차나 집 같은 건 이제 크게 관심이 없어요. 더 중요한 건 제 마음을 지키는 거니까요.

> 일터는 그에게 생계 이상의 의미입니다. 아침에 향할 곳과 저녁에 돌아올 곳이 있다는 사실 자체가 무너진 자존감을 다시 세우기 때문입니다. 합격 전화를 받던 순간, 첫 월급을 받던 순간을 아직도 생생하게 기억하며 오늘도 스스로 다짐합니다. "조급해하지 말자, 무너지지 말자."

서울에서 큰 어려움을 겪고, 또 딛고 일어났어요. 서울을 어떤 도시라고 느끼나요?

서울은 제 고향이자, 제 인생에서 가장 힘들었던 시기를 보낸 곳이에요. 중국에서 돌아왔을 때 저는 모든 걸 잃고 인생에서 가장 어두운 시간을 지나고 있었습니다. 그런데 결국 저를 보듬어 준 곳도 서울이었어요. 쉼터가 있었고, 인문학 수업이 있었고, 다시 일어설 일자리도 주어졌습니다. 그래서 서울은 저를 내치지 않고 받아준 곳, 다시 꿈을 꾸게 해 준 곳입니다. 말하자면 제겐 '친정' 같은 곳이에요. 늘 믿고 돌아올 수 있고, 다시 시작할 수 있는 곳이죠.

> **""일단 오셔서 상담부터 받아 보세요"라는 말은 죽을 때까지 잊을 수 없을 거예요. 아마 그분은 매일 하던 말이었겠죠. 하지만 그 당시의 저에겐 인생을 붙잡아 준 말이었습니다."**

삶을 지탱하는 '다정함'이란 무엇이라고 생각하나요?

저는 다정함을 '정말 필요한 순간에 건네진 한마디'라고 생각해요. 이곳 쉼터에 처음 전화를 걸었을 때 들었던 "일단 오셔서 상담부터 받아 보세요"라는 말은 죽을 때까지 잊을 수 없을 거예요. 멋지게 꾸며진 말도, 대단히 거창한 말도 아니잖아요? 아마 그분은 매일같이 하던 말이었겠죠. 하지만 그 당시의 저에겐 인생을 붙잡아 준 말이었습니다.

다정함이란 그런 것 아닐까요? 누군가에겐 일상적인 말일지 몰라도, 힘든 사람에겐 세상에서 가장 큰 위로가 되는 말이요.

끝으로 지금 힘든 상황을 겪고 있는 분들에게 한마디 부탁드립니다.

"희망을 가져라, 꿈을 가져라"는 말은 너무 멀게 들릴 거예요. 저도 그랬습니다. 제가 드리고 싶은 말은 단 하나입니다. 무너지지만 마세요. 사람은 생각보다 쉽게 무너집니다. 한순간 모든 걸 포기하면 다시 일어나기가 정말 어렵습니다. 하지만 무너지지 않고 버티다 보면, 분명히 기회가 찾아옵니다.

너무 조급해할 필요도 없어요. 저도 다시 일자리를 찾는 데 시간이 걸렸습니다. 급하다고 해서 나와 맞지 않는 일을 덥석 잡으면, 오히려 더 힘들어질 수 있어요. 천천히, 그러나 꾸준히 가다 보면 길은 열립니다.

그리고 주변을 둘러보세요. 분명히 힘이 되는 존재들이 있습니다. 누군가는 반드시 곁에서 손을 내밀어 줄 겁니다. 저 역시 그렇게 다시 일어설 수 있었습니다. 여러분도 무너지지 않고 주변을 바라보신다면, 분명히 다시 시작할 수 있습니다.

희망의 인문학

희망의 인문학은 사회적 약자들이 학습을 통해 스스로를 다시 발견하고 사회와의 연결감을 회복하도록 돕는 서울시의 대표 인문치유 사업이다. 수강생 대부분은 노숙 경험자, 쪽방촌 거주민, 중장년층 저소득 근로자 등으로 구성되어 있으며, 프로그램은 지식 전달보다 '삶의 회복'과 '자존감 회복'에 초점을 맞추고 있다. 강의는 철학·문학·역사와 같은 인문학 교양 외에도 미술, 음악, 연극 등 문화 예술 활동을 병행해 참여자들이 자신을 표현하고 타인과 소통하는 경험을 쌓을 수 있도록 구성되어 있다.

서울시는 이 사업을 단발성 교육이 아닌 사회 복귀를 위한 단계적 지원 모델로 발전시키고 있다. 수료 이후에는 공공 일자리에 참여하거나, 자격증을 취득해 민간 일자리에 취업하는 경우도 있다. 일부는 서울시 동행스토어 창업 지원을 통해 창업을 준비하고 있다.

참여자 만족도는 매우 높은 편으로, 2024년 기준 전체의 83.8%가 "삶의 태도가 긍정적으로 바뀌었다"고 응답했다. 이러한 변화는 단순히 배움의 기쁨을 넘어, 자신이 사회의 일원으로 다시 설 수 있다는 '희망의 회복'으로 이어진다는 점에서 의미가 크다.

서울시는 앞으로 희망의 인문학을 통해 교육과 복지를 결합한 '인문 기반 회복 프로그램'으로 발전시키고, 시민 누구나 인문학을 통해 삶의 방향을 찾을 수 있는 포용적 배움의 장으로 확대할 계획이다.

▶ 120다산콜센터 ☎ 02-120

다정한 노트 필사 노트

무너지지만 마세요. 사람은 생각보다 쉽게 무너집니다. 한순간 모든 걸 포기하면 다시 일어나기가 정말 어렵습니다. 하지만 무너지지 않고 버티다 보면, 분명히 기회가 찾아옵니다. 너무 조급해할 필요도 없어요. 천천히, 그러나 꾸준히 가다 보면 길은 열립니다.

다정한 일기　　　　　　　　나에게 묻는 질문

☞ 누군가의 한마디가 나를 일으켜 세운 적이 있나요?

☞ 오늘 감사함을 느꼈던 순간을 떠올려 보세요.

☞ 오늘 나를 무너지지 않게 한 버팀목은 무엇이었나요?

☞ 스스로에게 "잘했다"고 말해 주고 싶은 일을 적어 보세요.

겨울
Winter

함께 일어서다

겨울 — 함께 일어서다

　1년 중 해가 가장 짧은 동지, 도시는 빠르게 어둠에 잠깁니다. 소한과 대한을 지나며 찾아온 추위에 발걸음을 재촉하는 사람들에게는 서로의 얼굴을 마주할 겨를이 없습니다. 그렇게 어떤 사람들의 삶은 추위와 어둠에 가려집니다.
　가려진 삶의 문을 두드리는 친구들이 있습니다. 더 밝은 곳으로, 더 따뜻한 곳으로 함께 나아가자고 손을 내미는 이들입니다.
　한 친구는 오랜 은둔 끝에 세상 밖으로 나왔습니다. 얼어붙은 마음을 열고 만난 세상은 생각보다 더 따뜻했습니다. 이제 그는 사회복지를 공부하며, 같은 어려움을 겪고 있는 청년들을 돕고 있습니다.
　어린 시절부터 스스로 일어서야 했던 친구도 있습니다. 혼자서 살아가는 일은 쉽지 않았지만, 홀로서기의 경험은 결핍이 아니라 성장의 기회가 되었습니다. 공공기관에서 일하며 자립한 지금은 과거의 자신과 같은 경험을 하고 있는 자립준비청년들의 멘토가 되어 주고 있습니다. 그에게 자립은 혼자가 아니라 함께 일어서는 일입니다.
　묵묵히 들어주는 일로 세상을 밝히는 친구도 있습니다. 외로움을 나누는 상담사인 그는 혼자라고 느끼는 사람들의 기댈 언덕이 되어 줍니다. 고립된 생활을 하던 청년이 취업 소식을 가장 먼저 전한 사람은 가족도, 친구도 아닌 그였습니다.

    어둠이 짙을수록 빛은 더 선명해집니다. 추워질수록 사람의 온기는 더 따뜻하게 느껴집니다. 불을 밝히는 사람들의 손길에서 다시, 봄이 시작되고 있습니다.

권유리   혼자였던 사람만이
알 수 있는 것들

> **용감한 친구**

2025년 서울시 조사에 따르면 서울 청년 인구의 약 4.5퍼센트가 고립·은둔청년으로 추정된다. 각각의 사정은 모두 다르다. 처음엔 그저 좀 쉬자는 생각이었다. 그 휴식이 더 이상 휴식이 아닌 상태로 9년이나 이어질 줄은 전혀 몰랐다. 보이지 않는 존재로 살아야 했던 시간을 지나, 다시 세상으로 걸어 나온 그는 서울시 청년정책 조정위원으로서 고립·은둔청년을 돕는 다양한 활동을 이어 가고 있다. 그 공로를 인정받아 지난 9월 20일에는 청년 정책 활성화와 지역 사회 발전에 기여한 청년 및 단체에게 수여되는 제1회 서울시 청년상을 수상했다.

> 활발하게 활동하는 지금의 모습을 보면, 9년간의
> 고립·은둔 생활을 했다는 게 믿기지 않을 정도예요.
> 그때 이야기를 들려줄 수 있을까요?

회사 일이 적성과 맞지 않아 힘들어하던 차에 직장 내 괴롭힘까지 겪으며 죽고 싶다는 생각을 많이 하게 됐어요. 예전에는 직장 내 괴롭힘으로 자살했다는 이야기를 들어도 이해를 못 했거든요. 막상 그 상황이 되니까 아무것도 필요 없고 그냥 이 상황을 끝냈으면 좋겠다는 생각밖에 안 들더라고요. 이대로는 진짜 죽겠다 싶어서 그럴 바엔 쉬어보자고 결심했죠. 그렇게 시작한 휴식이 고립·은둔 생활로 이어지고 9년까지 길어질 줄은 몰랐습니다.

> 학교를 졸업하고 직장 생활까지 했기에 휴식이
> 길어질 때도 스스로 고립·은둔 상태라고 인지하기가
> 어려웠을 것 같아요. 문제를 발견한 건 언제였나요?

1년 정도 쉬었나, 슬슬 저축해 둔 돈도 떨어져 가니 다시 일해 보려고 재취직을 했는데, 한두 달을 못 버티겠더라고요. 이번에는 특별히 직장 내 괴롭힘 같은 문제가 있었던 것도 아닌데 무기력해서 출근을 할 수가 없었어요. 그렇게 취직과 퇴사를 반복하다가 어느 날 청년센터에서 꼿꼿이 원데이 클래스에 참여했어요. 분위기가 좋아서 대화에 끼고 싶더라고요. 무언가 말해 보려고 입을 열었어요. 그런데 말이 안 나오는 거예요. 옆에서 말을 거는데도 무슨 얘긴지 이해가 잘 안 되고요. 그날 충격을 받고 문제를 처음으로 인지했어요. 내가 살기 위해 시작한 고립이 너무 오래되니까 인지 기능과 사회성이 떨어져 살아가기 어렵게 된 거였어요.

정말 막막했을 것 같아요.

나는 이제 사회에 돌아갈 수 없고 이대로 방에서 죽는구나 싶어서 엄청 울었죠. 뭐라도 도움을 받아보자는 마음에 다음 날 바로 정신건강의학과에 가서 상담을 받았어요. 우울증이 심하고 사회 공포, 불안, 성인 ADHD까지 있더라고요. 차라리 진단을 받고 전문가에게 문제가 무엇인지 듣고 나니 돌파구를 찾은 것 같아서 좀 괜찮아지더라고요. 빛이 살짝 보이는 느낌이랄까요.

병원에 다녀오고 약을 먹는다고 해서 바로 괜찮아지지는 않았을 텐데요.

"분위기가 좋아서 대화에 끼고
싶더라고요. 무언가 말해 보려고 입을
열었어요. 그런데 말이 안 나오는 거예요.
옆에서 말을 거는데도 무슨 얘긴지
이해가 잘 안 되고요."

성공한 결과부터 이야기해서 쉽게 집 밖으로 나온 것 같지만, 지난 9년은 사람답지 못하게 살 때가 많았죠. 밤낮없이 자고, 집도 쓰레기장이고. 좌절에서 벗어날 수가 없었습니다. 목숨만 붙어 있는 채로 살며 이 고통이 언제 끝날지 몰라 너무나 힘든 상태였죠. 그래도 부모님보다 먼저 가는 건 너무 심한 불효 같아서 그냥 살아만 있자는 마음으로 버텼습니다.

> 버티기만 하던 마음에 작은 여유가 생긴 건 가족의 지지 덕분이었습니다. 시간이 걸리더라도 회복하자는 생각으로 일단 움직이기 시작했습니다. 병원에 다녀와 치료를 시작했고, 할 수 있는 활동을 찾았습니다.

밖으로 나가서 활동을 하게 된 계기가 있을까요?

제 경우 부모님과의 갈등을 어느 정도 해결했던 것이 시작이었어요. 부모님은 어릴 때부터 제 감정을 부정할 때가 많았고, 고립·은둔 기간에도 늘 저를 답답해하셨죠. 그래도 제가 너무 힘들다는 이야기를 계속했더니 이해는 잘 안 되지만 지금의 저를 지지해 주겠다는 말씀을 하시더라고요. 그 이야기를 듣기까지 2년이 걸렸어요. 마음이 좀 편안해지니까 은둔과 취업 중 양자택일을 하지 않아도 된다는 생각에 시야가 넓어지더라고요. 다른 활동을 알아보고 싶어 청년센터에 갔고, 푸른고래

리커버리센터를 알게 되어 나가기 시작했어요.

말을 하고 싶어도 말이 나오지 않을 만큼 힘들었으니 새롭게 알게 된 센터에 적응하는 일이 쉽지는 않았을 것 같아요.

처음 간 날, 오늘 나의 몸과 마음을 살펴보고 점수를 매겨 발표하는 시간이 있었어요. 너무 하기가 싫더라고요. 그래도 억지로 해야겠지 생각하고 있었는데, 하기 싫은 사람은 안 해도 된다는 이야기를 들었어요. 그때 처음 알았어요. 안 한다는 선택지도 있구나. 회사나 학교에서는 하기 싫은 것도 무조건 해야 했는데, 해방감을 느꼈죠. 그러다 보니 오히려 다른 사람들 하는 걸 보면서 나도 해 보고 싶단 생각이 자연스럽게 들었고요.

센터에서 지냈던 시간 중 특히 기억에 남는 순간이 있는지 궁금해요.

미술 치료 시간이 떠올라요. 저를 포함해 모든 청년이 자기 그림을 마음에 안 들어 했죠. 그런데 선생님께서는 한 명 한 명의 장점을 찾아 어떻게든 칭찬을 해 주더라고요. 그 모

> **"억지로 해야겠지 생각하고 있었는데,
> 하기 싫은 사람은 안 해도 된다는
> 이야기를 들었어요. 그때 처음
> 알았어요. 안 한다는 선택지도 있구나."**

습을 보며 나도 모르는 내 장점을 알아주는 사람이 세상에 있다는 것, 우리 모두가 다른 장점을 갖고 있다는 것을 새삼스레 깨달았죠. 그 그림으로 전시회도 준비했는데, 쳐다보기도 싫던 제 그림도 다른 청년들 그림과 함께 걸려 있으니 좀 괜찮아 보이더라고요. 그때 제가 사람들과 연결되어 있고, 그 연결이 소중하다는 것을 많이 느꼈습니다.

그 연결감이 나중에 다른 고립·은둔청년을 돕는 활동을 하는 데에도 영향을 미쳤을 것 같아요.

맞아요. 내가 더 할 수 있는 게 없을까 찾아보다가 고립·은둔청년 서포터즈를 발견했죠. 공고에 고립·은둔청년 당사자도 지원 가능하다고 쓰여 있어서 용기를 냈어요. 서포터즈는 한 달에 한 번씩 모여서 고립·은둔청년이 즐겁게 할 수 있는 활동을 기획하는데요. 첫 모임에 나가 보니까 너무 대단한 분들이 많았어요. 사회복지를 전공하는 대학생, 상담 관련해 대학원 진학을 준비하는 학생……. 그 사이에서 저도 모르게 움츠러들더라고요. 못 하겠다 싶을 때도 많았지만, 포기하지 않고 끝까지 했습니다.

서울시 청년정책조정위원으로도 활동하고 있어요.

사실 처음에는 어떤 활동인지 잘 모르고 리커버리센터에서 저를 추천해 주셔서 하게 되었어요. 면접을 몇 번 보고 위원으로 선정이 되어서 참석을 해보니까 전문가들이 너무 많은 거예요. 제 나름대로는 준비를 한다고 해 갔는데 부족한 것 같았어요. 또 좌절했죠. 그래도 주변에서 전문적인 내용보다는 제 경험을 듣고 싶다고 말씀해 주셔서 용기를 냈습니다. 지금은 제가 고립·은둔청년 당사자니까 도움이 될 거라는 생각으로 임하고 있습니다.

지금까지 참여했던 고립·은둔청년 지원 사업 중 가장 도움이 되었던 것은 무엇인가요?

심리 상담을 18회 받았는데 정말 많은 도움을 받았어요. 고립·은둔에 대한 이해도가 높은 기지개센터 상담 팀장님이 상담해 주셔서 특히 좋았습니다. 상담 받기 전에는 인지 왜곡이 심했어요. 예를 들어, 길을 걸어가면 사람들이 칼을 들고 나를 해칠 것 같아요. 다른 사람과 부딪히면 괜히 상대방이 일부러 부딪힌 것 같았죠. 그게 괴로워서 죽고 싶다는 극단적인 생각으로 이어지기도 했고요. 상담으로 조금씩 고쳐 가다 보니 이제는 부딪혀도 저 사람이 못 봤나 보다 생각하며 넘어갈 수 있게 되었습니다. 마음이 많이 편해졌지요.

> 지금처럼 경쟁이 치열하고 실패를 용납하지 않는 사회 분위기에서 고립·은둔청년은 계속 늘어날 수밖에 없을 겁니다. 고립·은둔을 경험한 그는 우리 사회에 다양한 삶의 모습을 인정하는 자세가 필요하다고 목소리를 내고 있습니다.

최근 몇 년간 고립·은둔청년이 늘어나고 있는데, 어떤 원인이 있다고 생각하나요?

한번 무너졌을 때 다시 일어나기가 어려운 사회 구조 영향이 큰 것 같아요. 저도 몇 살에는 얼마를 모아야 하고 뭘 해야 한다는 사회 통념에 맞춰 살려고 아등바등하다가 견디지를 못해서 집 안에 틀어박혔죠. 다시 나오려고 해도 긴 공백기를 설명할 방법이 없을 것 같아 두려워서 못 나오고……. 악순환이었어요. 지금은 고립·은둔청년 지원 사업도 생겨나고 인식도 변하고 있지만, 다양한 삶을 인정하는 사회 문화가 정착해야 근본적인 문제를 해결할 수 있다고 생각합니다.

고립 은둔에서 벗어나기 위해 개인이 해 볼 수 있는 방법은 어떤 것이 있을까요?

저는 우울증 치료, 도움 요청, 나를 부정하지 않기 세 가지를 꼽고 싶어요. 이 세 가지는 별개의 것이 아니라 서로 이어져 있어요. 병원에서 치료를 받으니까 도움을 요청할 힘이 생겼고, 그 힘으로 새로운 활동에 참여를 하다 보니 자연스럽게 부정적인 생각이 줄어들면서 저 자신을 있는 그대로 받아들이는 순간이 늘어났습니다. 나를 부정하지 않는 것은 하루아침에 되는 게 아니라 병리적 치료와 외부 활동을 1년 동안 꾸준히 한 결과였어요. 쉽지 않았지만 조금씩 조금씩 해 나갔습니다.

세상 밖으로 나가는 연습을 계속하면서 내가 한 단계 성장했다고 느낀 적이 있다면요?

그동안 대하기 어려워하던 사람을 편안하게 대할 수 있었을 때였어요. 고립·은둔청년을 대상으로 한 프로그램에

**"밖에서 여러 활동을 해보니 제가
해보지도 않고 상상 속에서 두려움을
점점 더 키우고 있었다는 걸 알게
됐어요."**

참여하신 분이었어요. 목소리가 크고 자기 주장이 강해 보이는 그분 앞에서 강연을 하려니 걱정이 컸는데, 막상 시작하니까 잘 들어주시더라고요. 저분도 고립·은둔청년으로 도움이 필요해 오신 것뿐이구나 깨닫고 도움을 드리고 싶어졌어요. 함께하기 어려울 거라 생각했는데, 섣부른 판단이었던 거죠. 밖에서 여러 활동을 해보니 제가 실제로 해 보지도 않고 상상 속에서 두려움을 점점 더 키우고 있었다는 걸 알게 됐어요.

> 세상에는 실제로 해 보지 않으면 모르는 일이 많은 것 같아요.

맞아요. 제가 고등학생 때 일이 많을 것 같다는 이유로 안 하고 싶다고 생각했던 직종이 사회복지, 디자인, 마케팅이거든요. 이걸 작년, 재작년에 다 해 봤어요. 생각보다 괜찮더라고요. 재밌었고요.

> 새로운 것을 배워 가는 요즘, 나의 몸과 마음에 점수를 매긴다면 몇 점일까요?

처음 리커버리 센터에서 점수를 매겼을 때는 1점, 2점을 줬거든요. 프로그램이 끝날 때쯤에는 8점까지 올라왔어요. 그때도 내가 스스로에게 8점이라는 점수를 줄 수 있다니 놀라웠는데, 요즘은 9점대도 줄 수 있어요. 세상을 보는 태도가 바뀌었기 때문이에요. 실은 제가 어제 편두통으로 조금 힘들었어요. 예전의 저라면 두통 때문에 3, 4점을 줬을 거예요. 하지만 지금은 달라요. 생각해 보면 오늘은 어제보다 많이 나아졌고,

날씨도 너무 좋잖아요. 10점도 줄 수 있을 것 같아요.

> 고립·은둔 시절 사회에서 버림받았다고까지 생각했습니다. 하지만 세상 밖으로 나오며 새로운 희망을 품게 되었습니다. 두렵기만 했던 세상에서 다정함을 느꼈기에 다른 사람에게도 다정한 사람이 되고 싶습니다. 고립 은둔의 시간을 보내는 누군가에게 '당신을 도와주려는 사람들이 여기 있다'고 알려 주고 싶습니다.

고립·은둔청년은 주변 사람들에게 이해받지 못하는 경우가 많아요. 고립·은둔청년을 가족이나 친구로 둔 분들에게 당부하고 싶은 말이 있다면 무엇일까요?

밖은 안전하지 않다는 생각으로 가득한 사람한테 자꾸 나와야 한다고 강요하면 역효과가 나서 오히려 상황이 악화될 수도 있어요. 물론 걱정되고 애정이 있으니까 한마디씩 하는 거지만, 당사자에게는 큰 압박일 수도 있거든요. 믿고 기다려 주면서 당사자가 나가고 싶다는 마음이 잠깐 생겼을 때 시도해 볼 만한 활동이나 프로그램을 손 닿는 곳에 놓아두는 것 정도가 적절하다고 생각합니다. 저는 네가 어떤 모습으로 있든 너를 있는 그대로 지지한다는 말이 큰 도움이 되었습니다.

> 9년이라는 고립·은둔의 시간은 어떤 시간이었나요?
> 힘들었지만 그 시간이 남긴 것도 있을 듯해요.

제게는 너무 고통스러운 시간이어서, 굳이 겪지 않아도 괜찮았을 것 같다고 생각하기도 했어요. 하지만 돌이켜 보면 그 시간을 지났기 때문에 지금 이 세상의 아름다움을 더 선명하게 볼 수 있는 것 같아요. 고립되어 있을 때는 아무리 좋다는 걸 보고 들어도 제대로 느낄 수가 없었거든요. 누군가에게는 당연한 일이 지금의 제게는 다 새롭습니다.

> 세상이 한층 넓어지는 거네요. 고립·은둔 기간 동안
> 서울은 어떤 곳이었고, 지금은 또 어떤 도시로
> 느껴지는지 궁금해요.

은둔할 때 서울은 삭막하고 무서웠어요. 안전한 방 안에 있어야겠다는 생각뿐이었고, 간혹 밖에 나가더라도 빨리 방으로 돌아가고 싶었죠. 지금 서울을 돌아다니다 보니 볼 것도, 할 것도 참 많더라고요. 남산 트레킹도 하고 한강공원과 국립중앙박물관도 가고요. 평범한 일상의 풍경에서 아름다움을 느낍니다. 고립·은둔 시절의 저는 사회로부터 버려졌다고 생각했어요. 그런데 다양한 고립·은둔청년 지원 사업에 참여하면서

생각이 바뀌었어요. 나 같은 사람도 도와주려는 세상이 고마웠습니다. 세상이 다정하다는 것도 느꼈고요.

'다정함'이란 무엇이라고 생각하나요?

일상에서 늘 볼 수 있는 것이요. 집 근처에 시장이 있는데, 한 상인이 물건을 굉장히 정성스럽게 정리하고 오는 손님에게 기분 좋게 인사를 건네는 모습을 보고 참 다정하다고 느꼈어요. 밖으로 나오기 시작하니 별것 아니라고 생각했던 것들이 더 눈에 띕니다.

다정함은 전염되는 거라니까 저도 다정하려고 노력해요. 지나가는 사람을 위해 문을 잡아 준다거나 인사를 한다거나 하면서요. 사소한 배려가 있는 사회가 되었으면 합니다.

지금까지 고립·은둔청년과 관련해 정말 많은 활동을 해 왔는데, 앞으로의 계획이 있다면요.

지금은 사회복지를 공부하며 고립·은둔청년을 도울 수 있는 사회적 기업을 준비하고 있어요. 경험자로서 집에 갇힌 분들이 세상에 나올 수 있도록 돕고 싶습니다. 물론 힘들 때는 어떤 말도 통하지 않겠죠. 하지만 세상 어딘가에는 어떻게 당

"너무 고통스러운 시간이어서, 굳이 겪지 않아도 괜찮았을 것 같다고 생각하기도 했어요. 하지만 돌이켜 보면 그 시간을 지났기 때문에 지금 이 세상의 아름다움을 더 선명하게 볼 수 있는 것 같아요."

신을 도울 수 있을지 고민하고 애쓰는 사람이 있다는 걸 꼭 알려드리고 싶어요. 제 이야기가 필요한 사람에게 닿기를 바랍니다.

고립·은둔청년 지원

서울시는 사회적 단절과 심리적 고립 상태에 놓인 청년들이 다시 일상으로 복귀할 수 있도록 '고립·은둔청년 지원 정책'을 추진하고 있다. 만 19세부터 39세 이하의 서울 거주 청년 중에서 6개월 이상 사회적 교류나 경제 활동이 거의 없는 경우 지원받을 수 있다. 고립·은둔 상태로 인해 학업이나 취업, 인간 관계가 단절된 청년들이 점진적으로 사회와 다시 연결될 수 있도록 심리 상담, 정신 건강 회복, 진로 탐색, 자조 모임 등을 돕는다.

지원 내용은 개인별 상태에 따라 맞춤형으로 구성된다. 심리·정서 지원을 위한 전문 상담 프로그램을 기본으로, 예술·운동 등 체험형 프로그램, 대인 관계 기술 향상 교육, 공동 생활 프로그램 등이 운영된다. 또한 가족 구성원들을 위한 교육 프로그램도 함께 제공되어, 청년 개인뿐 아니라 가족 전체가 함께 회복할 수 있는 환경을 조성하고 있다.

서울시는 지원 사업을 체계적으로 관리하기 위해 '서울청년기지개센터'를 전담 기관으로 지정했다. 센터에서는 고립 청년을 조기에 발견하기 위한 지역 사회 발굴망을 운영하고 있다.

▶ 서울청년기지개센터 https://siryc.or.kr/

다정한 노트   필사 노트

평범한 일상의 풍경에서 아름다움을 느낍니다. 고립·은둔 시절의 저는 제가 사회로부터 버려졌다고 생각했어요. 그런데 생각이 바뀌었어요. 나 같은 사람도 도와주려는 세상이 고마웠습니다. 세상이 다정하다는 것도 느꼈고요.

다정한 일기   나에게 묻는 질문

☞ 오늘 당신의 몸과 마음의 상태를 살펴보고 점수를 매겨 볼까요?

☞ 몸과 마음의 균형을 지켜 주는 당신만의 루틴이 있나요?

☞ 일상의 풍경에서 느낀 아름다움에 대해 기록해 보세요.

☞ 아직 해 보지 않았지만, 도전해 보고 싶은 일이 있나요?

송희석   혼자가 아니라,
함께 이루는 자립

든든한 친구

만 열여덟 살, 16년 동안 살던 보육원을 떠나 또래보다 일찍 세상과 마주했다. 자립의 길은 낯설고 불안했다. 처음 겪는 순간마다 망설임이 따라왔다. 그럴 때마다 힘이 되어 준 사람들이 있다. 공무원으로 먼저 자리 잡은 보육원 선배는 삶의 든든한 이정표가 되어 주었고, 회사 선배들은 어색하기만 한 사회 생활에 잘 적응할 수 있도록 아낌없는 응원을 보내 주었다. 자립지원전담기관 담당 선생님들은 심리적 안정을 보태 주었다. 그렇게 그는 다정함에 기대어 두려움을 조금씩 내려놓았고, 필요할 때 주저하지 않고 도움을 청하는 용기를 배웠다.

보육원에서 보낸 어린 시절이 지금의 삶에 어떤 영향을 주었다고 생각하나요?

늘 규칙과 단체 생활의 연속이었습니다. 정해진 시각에 일어나고, 정해진 시각에 밥을 먹고, 허락 없이는 외출할 수도 없었죠. 어릴 땐 그게 답답했어요. '왜 나는 하고 싶은 걸 못 하고 늘 지시에 따라야 하지?' 하는 억눌린 감정이 그림자처럼 따라다녔습니다.

그런데 돌아보면 그 시절의 불만이 오히려 저를 단단하게 만든 것 같아요. 이 상황을 어떻게 헤쳐 나가야 좋을지 스스로 묻고 답하며 미래를 상상하게 됐으니까요. 무엇보다 만 18세가 되면 무조건 퇴소해야 한다는 현실은 저를 일찍 성숙하게 했습니다.

학창시절에는 제가 보육원에 살고 있다는 사실을 약점으로 느끼며 숨기려 했어요. 하지만 저는 그 과거를 덮지 않고 '재료'로 쓰는 쪽을 택했습니다. 보육원은 제 인생의 결핍이 아니라 성장의 출발점이니까요.

자립을 앞두고 가장 크게 다가온 현실은 무엇이었나요?

명절이 되면 먼저 보육원을 떠난 선배들이 종종 방문하곤 했는데, 가장 많이 들었던 이야기가 아르바이트 얘기였어요. 편의점에서 야간 근무를 한다거나, 주말마다 식당 서빙을 뛰어다니며 근근이 생활을 이어 간다는 이야기들이었죠. 그런 얘기를 들을 때마다 '앞으로의 내 삶도 저런 모습일까?' 하는 막막함이 더 크게 다가왔습니다. 구체적인 대안이 없는 불안은 사람을 쉽게 지치게 만들더라고요. 이제 곧 나에게도 닥칠 미래라 여겨질수록, 자립이란 단어는 기대보다 무게로 다가왔습니다.

서울교통공사에서 일하고 있어요. 공무원이 되고 싶다는 꿈을 꾸게 된 계기가 있었나요?

막연하게 '나도 직장을 가지고 사회의 어엿한 일원이 되고 싶다'는 생각을 하던 어느 날, 우연히 보육원 선배가 실업계 고등학교를 졸업하고 공무원이 되는 모습을 보게 됐어요. 그 순간, 마치 제 일처럼 가슴이 뛰었습니다. 나와 같은 조건에서 출발한 사람이 무언가 해 냈다는 사실이 믿기지 않는 동시에 '아, 어쩌면 나도 저 길을 갈 수 있겠다'는 새로운 희망이 제 안에 생겼어요. 단순한 결심이었지만, 제 삶의 방향을 바꾸기에는 충분했어요.

사실 사춘기를 겪는 동안 저는 무기력한 학생이었어요. 학

> **"저는 과거를 덮지 않고 '재료'로 쓰는 쪽을 택했습니다. 보육원은 제 인생의 결핍이 아니라 성장의 출발점이니까요."**

교에서는 졸고, 집에 돌아오면 저녁도 거른 채 쓰러지듯 잠들 때도 있었습니다. 목표가 없으니 힘도 없었던 거죠.

'공무원이 되겠다'고 마음먹은 순간부터 하루가 달라졌습니다. 필요한 과정을 목록으로 정리해 하나씩 지우개로 지워가듯 해결했어요. 자존감도 눈에 띄게 높아졌습니다. 꿈이 생기니 하루가 달라지고, 하루가 달라지니 삶 전체가 달라졌어요.

합격 당시의 심정이 궁금합니다.

고등학교 3학년때 처음 응시한 공무원 시험의 가채점 결과가 좋지 않아 재수를 고민하던 시기가 있었어요. 그때 마침 서울교통공사 채용 공고가 나서 도전했는데 운이 좋게 바로 합격했죠. 보육원 안에서도 "희석이는 목표가 뚜렷하다"는 기대가 있었던 만큼 부담이 있었는데, 합격 소식이 그 부담을 덜어 주었죠. 당시엔 솔직히 조금 오만하기까지 했던 것 같아요. "이제 아무 걱정 없다. 나가서도 잘 살 수 있다"는 생각까지

했으니까요. (웃음)

자립을 해 보니 정말 그렇던가요?

아니요. 전혀 아니었습니다. 현실은 다르더라고요. 취업으로 경제적 부담은 덜었지만, 생활 지식은 여전히 빈칸투성이였죠. 은행에서는 통장을 만드는 절차를 몰라 창구에서 서툰 질문을 반복했고, 요일과 시간에 맞춰 쓰레기를 버려야 하는 기본적인 사항도 몰라 들고 나온 쓰레기를 다시 집으로 가져오기 일쑤였고요. 그때 깨달았던 것 같아요. 자립은 경제적 안정뿐만 아니라, 일상의 아주 작은 부분 하나하나까지 스스로 익히고 책임지는 것이라는 사실을요.

그럼 그 시기의 어려움은 어떻게 극복했나요?

우선 보육원 퇴소 직후엔 서울시에서 임시 거처를 제공받아 당장의 주거 불안을 덜 수 있었어요. 매월 30만 원씩 지원되는 자립 수당으로 옷, 이불, 음식을 사면서 처음 내 손으로 살림살이를 장만하기도 했고요. 또 자립지원전담기관 선생님들과 꾸준히 연결되어 필요할 때마다 도움을 받을 수 있었습니다. 관련된 제도나 정책을 소개해 주시거나 상담을 해 주시며

"그때 깨달았던 것 같아요. 자립은 경제적 안정뿐만 아니라, 일상의 아주 작은 부분 하나하나까지 스스로 익히고 책임지는 것이라는 사실을요."

"혼자가 아니다"라는 감각을 심어 주셨죠. 특히 회사 선배분들이 정말 큰 도움을 주셨어요. 학점은행제와 회사 연계 계약학과를 소개해 주시면서 저의 진로 설계에도 옆에서 큰 도움을 주셨습니다. 혼자였다면 무너졌을지도 모르지만, 따뜻한 손길이 늘 제 곁에 있었기에 버틸 수 있었습니다.

돌이켜보면 홀로 서기까지 무수한 다정함이 있었습니다. "괜찮다, 잘하고 있다"는 회사 선배들의 말, 자립지원전담기관 선생님들의 끊임없는 관심, 예상치 못한 격려와 미소. 일상의 다정함이 그를 일으켜 세웠습니다. 그 보이지 않는 손길들이야말로 자립의 가장 든든한 기둥이었습니다.

첫 출근날의 풍경을 기억하나요?

사무실 문을 처음 열었을 때, 제 아버지뻘 선배님들이 대부분이었어요. 자기소개를 하는 순간까지도 긴장해서 입이 바짝 말랐죠. 저와 같은 신입 사원은 부서에 없었고, 주변은 전부 차장급 이상의 베테랑분들만 계셨거든요. 그런데 의외였습니다. 저를 반기며 농담도 건네 주시고, 실수를 해도 "처음이니까 괜찮다"며 등을 두드려 주셨습니다. 아버지 같은 그 따뜻함이 초조함을 녹여 주었고, 저는 생각보다 빨리 적응할 수 있었습니다.

도중에 공부와 일을 병행했다고 들었는데,
구체적으로 어떤 과정을 거쳤나요?

저희 회사와 연계된 계약 학과 제도를 통해 서울시

립대 교통공학과에 편입했습니다. 편입 전에는 학점은행제로 전기 분야 과목을 들으며 기사 자격증 두 개를 땄고 전문학사 학위를 취득했어요. 월요일과 수요일 저녁엔 퇴근 후 7시부터 9시 30분까지 수업을 듣고, 토요일엔 오전 10부터 오후 6시까지 하루 종일 수업을 들어야 하는 빡빡한 일상이 이어졌습니다.

일을 하면서 2년 동안 학교 생활을 한다는 게 쉽지만은 않았을 것 같아요.

보고서가 서툴던 초창기엔 학교 과제 형식부터 자꾸 틀렸어요. 그런데 사무직으로 옮긴 뒤 실무 보고서를 수없이 쓰다 보니 어느 순간 과제가 '틀 안에서 데이터를 정확히 채워 넣는 일'로 보이기 시작하더라고요. 학점도 3.6으로 시작해 3.7, 4.0을 지나 마지막 학기엔 4.2로 졸업했습니다. 몸은 고되었지만, "더 잘하고 싶다, 성장하고 싶다"는 욕심이 저를 이끌어 온 것 같아요.

이러한 자립의 과정을 버티게 해 준 비결 같은 게 있을까요?

작은 습관들이 저를 버티게 했는데, 특이한 저만의

> **"몸은 고되었지만, '더 잘하고 싶다,
> 성장하고 싶다'는 욕심이 저를 이끌어
> 온 것 같아요."**

루틴으로 낮잠을 꼽을 수 있어요. 점심시간에 30분 낮잠을 자면 머릿속 잡음이 정리되더라고요. 잠깐 눈을 붙이고 나면, 해결해야 할 일이 선명해지는 느낌이었습니다.

그리고 운동이요. 토요일마다 축구를 하고, 요즘은 일주일에 세 번씩 출근 전 크로스핏 운동을 나갑니다. 운동을 하면서 나의 성장이 눈에 보이는 게 좋더라고요. 예전엔 서툴렀던 동작이 익숙해지고, 경기장에서 몸이 더 가볍게 움직일 때 큰 성취감을 느낍니다. 자존감을 지탱하는 힘이 되는 것 같아요.

서울에서 '혼자가 아니다'라는 걸 크게 느낀 순간은 언제였나요?

앞서 말한 회사 선배님들, 자립전담요원, 서울시 자립지원전담기관 선생님들까지. 저를 챙겨 주는 다정한 손길들은 늘 있었습니다. 혼자였다면 막막했을 텐데, 항상 곁에서 도와주시는 분들이 있어서 '혼자가 아니다'라는 걸 느낄 수 있었죠.

보호 종료 1년 차로 이사를 앞두고 있을 때, 회사 선배들이 전입신고가 무엇인지, 확정일자는 무엇이고 왜 중요한지 등 이사에 필요한 과정과 여러 정보를 알려 주셨어요. 또 계약 당일에는 자립전담요원 선생님이 동행해 주기도 하셨고요.

> 그는 더 이상 도움을 받기만 하는 사람이 아닙니다. 후배들에게 생활의 지식을 전하고, 자립의 길을 알려 주는 멘토가 되었습니다. 혼자가 아니라 함께 서는 것, 그것이 자립이라는 사실을 몸소 깨달았기 때문입니다. 받은 다정함을 돌려주는 과정에서, 그의 삶은 더 단단해지고 있습니다.

어쩌면 자립을 하는 데에 '다정함'도 큰 역할을 했던 거네요.

저는 다정함을 '아무 대가 없이 건네는 마음'이라고 생각합니다. 누군가의 미소, 작은 조언 한마디, 예상치 못한 격려……. 그런 순간들이 제게 큰 힘이 되어 왔습니다. 다정함은 일상의 자잘한 순간들 속에서 가장 크게 느껴지는 것 같아요.

돌아보면 제가 여기까지 올 수 있었던 건 결국 그 다정함 덕분이었어요. 다정함은 눈에 보이지 않지만 사람을 살리고, 무너지는 마음을 다시 일으켜 세우는 힘이 있습니다. 다정함은 곧, 사회가 무너지지 않게 붙잡아 주는 보이지 않는 기둥이 아닐까요?

과거의 나와 비교했을 때, 자립 과정을 지나온 지금 가장 크게 달라진 점은 무엇인가요?

가장 큰 차이는 '주체적인 삶을 살게 되었다'는 겁니다. 시설에 있을 때는 늘 누군가의 지시에 따라 움직였습니다. 그런데 자립을 준비하면서부터 내 선택과 내 책임이 시작됐습니다. 지금은 문제가 생겨도 스스로 찾아보고 해결하는 데 큰 어려움이 없습니다. 그게 가장 큰 변화가 아닐까 싶어요.

그렇다면 자립 이후, 지금까지의 삶에서 가장 자랑스러웠던 순간을 꼽아 본다면 언제일까요?

주거 자립을 이뤘던 순간이요. 2023년 11월, 경기도의 한 아파트 청약에 당첨됐습니다. 처음 문자로 당첨 소식을 받았을때는 스팸인가 싶었는데 청약홈 사이트에서 진짜라는 것을 확인하고 제일 먼저 서울시 자립지원전담기관 선생님들에게 말씀드리고 축하를 받았습니다. 내년 4월 입주를 앞두고 있어요. 지금도 LH 전세 임대에 살고 있는데, 이렇게 지원에 계속 의존하다 보면 '빈곤의 덫'에 빠진다는 생각이 들었어요. 물론 지원을 받는 건 감사하고 다행인 일이지만, 그 안에 안주하면 성장은 더뎌질 수밖에 없어요. 그래서 스스로 집을 마련하는 걸 목표로 했고, 결국 이뤄 냈습니다. 내 집을 마련했다는 건 단순히 집 한 채가 아니라, '나는 내 힘으로 설 수 있다'는 증거였습니다. 자존감을 크게 높여 준 순간이었어요.

내 집 마련에 이어 다음으로 이루고 싶은 목표가 있다면요?

이제는 '결혼'이라는 제 인생의 새로운 시작을 목표로 하고 있습니다. 제 삶에 처음으로 생기는 '피로 이어진 가족'이라는 따뜻한 울타리를 만들고 싶습니다.

지금의 삶에서 서울이 갖는 의미도 남다를 것 같아요.

제게 서울은 '기회의 도시'입니다. 홀로서기를 한 후 처음 마주한 이 도시는 낯설고, 경쟁이 치열하고, 늘 바쁘게 돌아가는 곳이었어요. 하지만, 그 낯선 공간 안에서 저는 많은 사람을 만나며 '나도 혼자가 아니구나'를 깨닫고, 성장할 수 있었습니다.

서울은 저를 단련시켰고, 동시에 품어 주었습니다. 덕분에 저는 이곳에서 제 꿈을 키웠고, 삶의 방향을 찾았으며, 마침내 살 집도 마련했죠. 그래서 눈물과 웃음, 좌절과 성취가 켜켜이 쌓여 있는, 제 인생 그 자체의 배경인 거 같아요. 이 도시는 저에게 끝없는 가능성과 기회를 열어 준 따뜻한 곳이에요.

마지막으로 자립을 준비하는 후배 청년들에게 꼭 전하고 싶은 말이 있다면요?

꼭 주체적인 삶을 살겠다는 의지를 가지라고 말하고 싶습니다. 도움을 요청하는 건 절대 부끄러운 게 아닙니다. 현명한 선택이죠. 하지만 그 속에 안주하지 않고, 디딤돌 삼아 더 성장하는 길을 선택해야 합니다.

최근엔 자립 준비 청년을 위한 지원이 전보다 훨씬 체계적이고 촘촘해졌다고 알고 있어요. 재작년엔 자립 준비 청년들을 위한 컨트롤타워 성격의 '영플러스서울'이 삼각지역에 문을 열었고, 단순한 경제적 지원을 넘어 취미·정서·심리까지 케어하는 프로그램들도 생겨났죠.

저도 자립 수당, 자립 정착금 등 서울시의 다양한 제도를 활용했습니다. 어깨 수술 때문에 갑자기 큰돈이 필요했을 때는 SOS 자금 지원을 받아 충당할 수 있었고, 같은 어려움을 겪는

"제도와 지원은 많습니다. 하지만 그걸 찾아내고 활용하는 건 결국 본인의 의지입니다. 진짜 자립은 스스로 성장하려는 노력과 선택에서 온다고 믿어요."

친구들에게도 그 제도를 알려 주고 연계해 주기도 했고요.

  제도와 지원은 많습니다. 하지만 그걸 찾아내고 활용하는 건 결국 본인의 의지입니다. 진짜 자립은 스스로 성장하려는 노력과 선택에서 온다고 믿어요. 다정한 손길을 통해 함께 자립하시기를 바라며 응원합니다.

자립준비청년 지원

서울시의 자립준비청년 지원 정책은 아동 복지 시설이나 위탁 가정에서 보호를 받다가 만 18세 이후 독립해야 하는 청년들이 안정적으로 사회에 정착할 수 있도록 돕는 종합 지원 계획이다.

정책은 보호 종료 전부터 이후까지 이어지는 맞춤형 단계별 지원으로 구성된다. 아동기에는 '내 꿈 찾기 프로그램'과 '직업훈련' 등 여러 프로그램을 통해 진로 설계를 돕고, 보호 종료 전후에는 '배움마켓'을 통해 금융·주거·법률 등 실생활 중심 교육을 제공한다. 또한 시설 내 유휴 공간을 활용해 '1인 1실 나만의 공간'을 조성하여 개인별 맞춤형 자립 환경을 마련하고, 장보기·요리·공과금 납부 등 독립 생활을 연습하는 자립체험 프로그램을 운영한다.

경제적 자립을 위해 자립정착금과 자립수당, 주거비 지원 등을 확대하고, 취업 지원과 사회 진출 연계도 강화했다. 보호 종료 후에는 민관협력 네트워크와 'SOS 자금'을 통해 위기 상황을 지원하며, 자조 모임을 운영해 사회적 지지망을 형성한다. 또한 전용 공간 '영플러스 서울'을 통해 심리 상담, 주거·진로 서비스 등 자립 이후에도 지속적인 지원이 이어지도록 하고 있다.

▶ 서울특별시자립지원 전담 기관 https://sjarip.or.kr/

다정한 노트

필사 노트

주체적인 삶을 살겠다는 의지를 가지라고 말하고 싶습니다. 도움을 요청하는 건 절대 부끄러운 게 아닙니다. 현명한 선택이죠. 하지만 그 속에 안주하지 않고, 디딤돌 삼아 더 성장하는 길을 선택해야 합니다.

다정한 일기   나에게 묻는 질문

☞ 내가 스스로 해 낸, 자랑스러운 일이 있나요?

☞ 그 과정에서 롤 모델이 되어 준 사람을 떠올려 보세요.

☞ 지금의 나를 단단하게 지탱해 주는 힘은 어디에서 온다고 생각하나요?

☞ 친구, 동료, 가족과 함께여서 가능했던 순간이 있었나요?

송희석 | 혼자가 아니라, 함께 이루는 자립

강민지   외로움을 밀어내지
않고 끌어안을 때

따뜻한 친구

전화기 너머로 하루에도 수십 번 "외롭다"는 목소리가 흘러 들어온다. 번번이 취업에 실패한 청년부터 은퇴 후 홀로 지내는 노인까지, 사연은 다르지만 사정은 하나다. "내 이야기를 들어 줄 사람이 없다." 서울시가 운영하는 외로움안녕120은 사람들의 마음 속 빈자리를 채워 주는 첫 번째 통로다. 단번에 문제를 해결해 주진 않지만, 들어 주고 공감하며 당신은 혼자가 아니라고 말해 주는 곳. 외로움안녕120 상담사들은 이 작은 위로가 누군가의 삶을 지탱하는 거대한 힘이 된다고 믿는다.

*상담 업무의 특성상 실명 공개가 어려워 가명을 사용하였습니다.

먼저 자기소개를 부탁드립니다.

안녕하세요, 저는 외로움안녕120센터에서 상담사로 일하고 있는 강민지(가명)라고 합니다. 지난 4월 1일 센터가 문을 처음 열 때부터 근무를 시작했으니, 이제 약 반 년이 되었네요. 이곳에는 저를 포함해 16명의 상담사가 근무하고 있습니다. 저희는 하루 24시간, 365일 시민들의 전화를 교대로 받아요. 외롭거나, 고립감을 느끼거나, 그냥 어디라도 털어놓고 싶은데 마땅한 대상이 없을 때, 언제든 120번으로 전화를 걸면 저희가 응답합니다.

'외로움안녕120'이라는 이름이 낯설게 느껴질 분들도 있을 텐데, 어떤 곳인지 알려 주세요.

외로움안녕120은 시민분들이 외롭다고 느낄 때, 그 감정을 안전하게 말할 수 있는 공간입니다. 많은 분들이 외로움을 개인적인 문제나 약점으로 생각하는데, 저희는 그렇게 보지 않아요. 외로움은 누구나 느낄 수 있는 자연스러운 감정이고, 그 자체로 부끄러운 것이 아니거든요. 외로움안녕120의 '안녕'이라는 단어의 의미도 '굿바이 good bye'보다는 '헬로 hello'에 가깝습니다. 외로움을 거부하거나 밀어내기만 할 게 아니라, 우선 있는 그대로 잘 받아들이자는 의미인 거죠. 계절이 바뀌듯이, 인생의 흐름 속에서 외로움은 없었다가도 찾아옵니다. 중요한 건 혼자 끌어안고 무너지지 않는 겁니다. 외로움은 누군가와 함께 건너가야 할 강 같은 거예요. 외로움안녕120은 그 강 위에 다리를 놓아 주는 역할을 합니다.

상담사로 일하게 된 계기가 궁금합니다.

금융권에서 오래 일하다가 쉰 살쯤에 희망퇴직을 하게 됐는데, 그때부터 '앞으로 나는 뭘 하면서 살지, 내가 정말 하고 싶은 건 뭘까' 이런 고민을 진지하게 하게 됐어요. 마음이 계속 가는 건 결국 사람과의 관계, 누군가의 마음을 보듬는 일이더라고요. 마침 코로나19 시기를 지나면서 외로움이 사회적으로 크게 이슈가 됐잖아요. 저도 친구들이랑 만나면 "외로운 사람들한테 우리가 무슨 말을 해 줄 수 있을까" 이런 얘기를 자주 했거든요. 그냥 상상으로만 하던 얘기였는데, 서울시에서 외로움안녕120 상담사 모집 공고가 난 거예요. 보자마자 '아, 이건 내가 꼭 해야 하는 일이다' 싶었고, 망설이지 않고 지원해서 지금 이렇게 상담사로 일하고 있습니다.

"계절이 바뀌듯이, 인생의 흐름 속에서 외로움은 없었다가도 찾아옵니다. 중요한 건 혼자 끌어안고 무너지지 않는 겁니다. 외로움은 누군가와 함께 건너가야 할 강 같은 거예요."

강민지 | 외로움을 밀어내지 않고 끌어안을 때

외로움에 특별히 관심을 가지게 된 이유가 있나요?

퇴직 후에 치매안심센터에서 계약직 사회복지사로 일할 기회가 있었는데, 거기서 노년층을 만나면서 외로움이라는 게 얼마나 깊고 큰 문제인지 실감했어요. 가족과 단절된 어르신들이 털어놓는 얘기를 들으면서, 외로움이 단순한 감정이 아니라 삶을 송두리째 흔드는 무서운 힘을 가지고 있구나 싶었거든요. 그 뒤에 LH 주거복지 부서에서 전화를 받는 일을 했는데, 행정 상담으로 시작한 통화가 결국엔 긴 하소연으로 이어지는 경우가 많더라고요. 마지막에는 꼭 "외롭다"는 말이 나오기도 했고요. 자연스럽게 외로움이라는 감정에 더 관심을 가지게 된 것 같아요.

상담사로서 하루 일과는 어떻게 흘러가나요?

저는 오전 근무를 하고 있어요. 오전 8~9시에 출근해 오후 5~6시까지 상담을 진행합니다. 오후 조는 오후 1시부터 밤 10시까지, 심야 조는 밤 10시부터 다음 날 아침 8시까지 근무를 이어 가요. 교대가 이어지면서 하루 24시간 상담이 끊기지 않도록 운영되는 거죠. 상담 전화는 하루에 평균 12건 정도 받아요. 그 시간 동안 메모를 하며 상대방의 이야기를 온전히 듣고, 필요한 경우 복지 서비스와 연결하거나, 다시 전화를 주겠다는 약속을 남기기도 합니다.

상담 전화가 많이 오는 때가 따로 있나요?

딱 정해져 있진 않아요. 그런데 확실히 날씨가 흐리거나 비가 오는 날은 전화가 많아집니다. 또 사회적으로 큰 사건이나 충격적인 뉴스가 보도될 때는 그 불안감이 시민들 마음에도 그대로 전해지는 것 같아요. 특히 고독사나 자살 같은 소식을 접하면 "나도 그렇게 될까 봐 무섭다"면서 전화를 주시는 분들이 늘어납니다. 그래서 상담 전화를 받다 보면 우리 사회가 겪는 분위기와 정서가 느껴질 때가 많아요.

> 전화를 거는 사람은 다양합니다. 노년층이나 취약 계층만이 아니라, 대기업 직원, 전문직, 공무원, 아르바이트생까지. 직업과 학력, 소득과 무관하게 누구나 외로움을 겪고 있습니다. 외로움은 특정 계층의 문제가 아니라 '사람'의 문제라는 걸, 상담사들은 매일 확인합니다.

어떤 분들이 전화를 하나요?

처음 외로움안녕120을 시작할 땐, 주로 노년층이나

취약 계층 전화가 많을 것이라 예상했어요. 그런데 실제로는 훨씬 더 폭넓은 계층에서 전화가 옵니다. 대기업 직원, 전문직, 공무원, 아르바이트생까지. 직업이나 소득, 학력과 상관없이 외로움은 누구에게나 찾아오고 있었습니다.

최근에는 특히 중장년 남성들의 상담이 눈에 띄게 늘고 있습니다. 사회적으로는 본인의 외로움을 입 밖으로 잘 꺼내지 않던 분들인데, 이제는 전화기를 들고 마음을 털어놓기 시작한 거죠.

상담 전화를 받으면 주로 어떤 이야기를 나누나요?

연령대마다 조금씩 달라요. 20대는 대부분 취업 문제나 연인 관계 같은 얘기를 많이 하십니다. 취업이 잘 안 돼서 힘들다든지, 연애하면서 겪는 갈등이 있다든지 그런 이야기죠. 30대도 비슷한데, 취업 준비가 오래 이어지다 보니까 부모님과의 갈등으로 이어지는 경우가 많습니다. 집안에서 자꾸 부딪히게 되고, 본인이 중간에서 피해자처럼 느껴진다고 토로하시기도 해요.

40대는 직장 내 따돌림 문제가 많습니다. 이건 업종을 가리지 않더라고요. 대기업에서도, 아르바이트 현장에서도 똑같이 벌어집니다. 생각보다 직장 내에서의 왕따 문제로 힘들어하는

> **"문제를 해결하는 대신 경청하고
> 공감하고, 또 격려와 지지를 보내는 데
> 집중합니다. 그렇게 해서 시민들이
> 스스로 회복하고 자기 돌봄을 이어 갈 수
> 있도록 곁에서 힘을 보태는 거죠."**

분들이 정말 많아요. 50대는 퇴직에 대한 불안감이 크고, 부부 갈등이나 자녀 문제까지 겹쳐 전화를 하십니다.

60대부터는 본격적으로 외로움 이야기가 많아지는데요, 은퇴 이후 일자리가 없거나 이혼을 겪으신 분들, 혼자 사는 1인 가구들이 많다 보니 고립감이 더 깊습니다. 그리고 70~80대 어르신들은 거의 한결같이 그냥 "외롭다"는 말씀을 하세요. 자식들과 소통이 끊겨 있거나, 대화할 사람이 없다는 거죠.

**외로움으로 힘들어하는 분들이 공통적으로 하는
말이 있을까요?**

"내 얘기를 들어 줄 사람이 없다"는 말씀을 가장 많이 하세요. 그럴 때 저는 혼자 끌어안고 있지 말고, 반드시 누군가에게 털어놓으시라고 말씀드려요. 외롭고 힘든 감정을 내 안에만 가두면 점점 더 커지고, 결국에는 폭발해 버려서 고립이나 은둔으로 이어질 수 있거든요. 반대로 가까운 가족이나 친구, 혹은 저희 같은 상담사에게 솔직히 얘기하는 순간, 마음이 조금은 가벼워지고 위로를 받을 수 있어요.

상담은 보통 얼마나 걸리나요? 통화를 시작했을 때와 끝날 때의 분위기는 많이 다를 것 같아요.

한 통화가 보통 20~30분 정도 이어집니다. 처음엔 울먹이면서 "죽고 싶다, 사는 게 의미 없다"라고 하시던 분들도, 끝날 때쯤엔 대부분 "고맙다, 이렇게 말하고 나니 마음이 한결 가벼워졌다"라고 말씀하세요. 물론 단 한 번의 통화로 모든 문제가 해결되진 않아요. 하지만 전화를 꾸준히 이어 가다 보면 상담사와 신뢰가 쌓이고, 그때부터는 제가 건네는 한마디에 정말 힘을 얻으시더라고요. 그러다 보면 "나도 한 번쯤 새로운 걸 시도해 볼까?" 하고 용기를 내는 순간이 찾아오는 거죠.

외로움안녕120의 역할은 무엇이라고 생각하세요?

저희가 상담사 교육을 받을 때 늘 강조하는 게 있는데, 해결 중심으로 가면 안 된다는 거예요. 저희는 정신 질환을 진단하거나, 자살 위기 같은 고난이도의 문제를 직접 해결하는 기관은 아니에요. 대신 경청하고 공감하고, 또 격려와 지지를 보내는 데 집중합니다. 그렇게 해서 시민들이 스스로 회복하고 자기 돌봄을 이어 갈 수 있도록 곁에서 힘을 보태는 거죠.

문제를 고쳐 주는 곳이라기보다는 누구나 기댈 수 있는 첫 번째 창구라고 생각해요. 전화 한 통으로 "아, 나 혼자가 아니구나"라는 걸 느끼게 해 주고, 필요하면 복지 서비스나 지역 자원과도 연결해 드립니다. 어떤 분들은 "보험 같은 존재"라고 말씀하시기도 하는데, 평소에는 잊고 지내더라도 언젠가 마음이 힘들어질 때 120번만 누르면 연결될 수 있다는 사실 자체가 힘이 되는 거죠.

> 많은 사람들이 상담이라고 하면 '해답'을 주는 걸 떠올립니다. 하지만 이곳의 상담은 문제를 고치는 것이 아니라, 곁에 서서 들어 주고 공감하는 일을 목표로 하고 있습니다. 해결책보다 "당신은 혼자가 아니에요"라는 메시지가 더 큰 힘을 발휘할 때가 있기 때문입니다. 외로움에 맞서는 가장 큰 무기는 연결입니다.

외롭다는 이야기를 매일 듣다 보면, 힘들 때가 있을 것 같습니다. 가장 힘든 순간은 언제인가요?

전문적인 치료가 필요하신 분들이 전화를 주실 때는 솔직히 힘에 부칠 때가 있어요. "이웃이 나를 감시한다", "주민센터에서 날 해치려고 한다"같은 말씀을 하루에도 여러 번 하시거든요. 어떤 분은 "어제 CCTV를 보니 간호사 두 명이랑 주민센터 직원이 집 앞에서 날 기다리고 있더라"라고 하시기도 해요. 물론 전혀 근거 없는 얘기인데, 본인들은 그게 사실이라고 굳게 믿고 계신 거죠. 대화가 잘 통하지 않고 점점 격해지다 보면, 상담사 입장에서도 감정적으로 소진이 클 수밖에 없더라고요.

그럼에도 이 일을 계속할 수 있게 하는 힘, 동력은 무엇인가요?

앞서 말씀드린 경우는 전체의 10% 정도고, 나머지 90%는 결국 "외롭다"는 인간적인 이야기들이에요. 그런 얘기들은 오히려 사람 냄새가 나서 같이 웃기도 하고, 위로도 나누면서 저도 보람을 느낍니다. 저는 제 일이 시민들의 삶을 지탱하는 작은 밑거름이 될 수 있다고 생각해요. 실제로 어떤 분들은 전화를 끊으면서 "상담사님 덕분에 살 힘이 생겼다"라고 말씀하시기도 하거든요. 그럴 때 정말 큰 힘을 얻습니다. 아주 작은 위로 한마디가 누군가에게는 하루를, 또 삶을 버티게 하는 힘이 된다는 사실, 그게 제가 매일 이 자리에 나오는 가장 큰 이유이자 동력이에요.

상담사로서 지키는 원칙 같은 게 있을까요?

사실 외로움안녕120에 전화를 건다는 것 자체가 굉장한 용기라고 생각해요. 그래서 늘 '처음'이 가장 중요하다고 마음속에 새기고 있습니다. 기존에 여러 번 통화하신 분들은 이웃을 만나듯 반갑게 맞이하면 되지만, 전산에 기록이 없는 신규 내담자의 전화가 들어오면 마음가짐이 또 달라집니다.

첫인상에서 '아, 여기는 따뜻한 곳이구나. 내 이야기를 들어 줄 수 있겠구나'라는 확신을 주면, 이후로는 훨씬 편하게 마음을 열고 이야기를 이어 가세요. 반대로 응대가 딱딱하거나 차갑게 느껴지면, 내담자는 '여기는 내 얘기를 들어 주지 않을 것 같다'는 불신을 갖게 됩니다. 그러면 몇 마디 묻고는 "다음에 다시 전화할게요" 하고 끝내 버리시기도 하죠. 그래서 저는 신규 내담자의 전화를 받을 때 특히 더 따뜻하게, 반갑게 맞이하려고 합니다. '반갑습니다, 잘 오셨어요' 하는 느낌을 전해 드리는 거죠.

가장 기억에 남는 상담 사례가 있을까요?

취업 소식을 전해온 한 청년이에요. 대학을 졸업하고 수십 번 원서를 냈지만 번번이 떨어지면서, 고시원에서 3년 넘게 지내던 분이었습니다. 생활비는 아르바이트로 겨우 벌었고, 방세를 내고 나면 끼니도 제대로 챙기기 어려웠죠. "오늘은 빵 하나 먹었어요", "참치 캔으로 때웠어요"라는 말을 하실 때면, 목소리에서부터 지쳐 있다는 게 느껴지더라고요. 친구들은 다 취업해 사회생활을 시작했는데, 본인은 고시원에 갇혀 있다 보니 점점 더 고립되고 초라해졌다고 했어요. "또 취업 못 했냐"는 말 듣기 싫어서 명절에도 고향에 내려가지 않았고, 부모님이나 형제들과도 연락이 끊긴 지 오래라고 하더라고요.

그분과는 약 3개월 동안 20번 넘게 통화를 이어 갔습니다. 그 과정에서 제가 서울시 청년 지원 프로그램인 '청년 몽땅 정보통'을 소개해 드렸죠. 거기에 마음 건강 서비스, 일대일 멘토링, 역량 강화 프로그램들이 있었거든요. 본인이 직접 신청했어요. 전공을 살려 짧은 교육 과정을 수료한 뒤 결국 취업에 성공했더라고요.

어느 날 아침 9시, 근무를 시작하자마자 전화가 왔습니다. "선생님, 저 기억하세요? 저 드디어 취업했어요. 너무 좋아서 잠도 못 잤어요." 20번 넘게 들어온 목소리였기에, 바로 알아챘어요. 저도 가족처럼 벅차고 기뻤습니다. 사실 그분은 취업했다고 바로 가족이나 친구들에게 연락하지 못했대요. 너무 오랫동

> **"얼마나 소식을 알려 주고 싶었으면
> 아침 9시 알람을 맞춰 놓고
> 기다리셨다고 하더라고요. 그 순간
> 저도 울컥했어요. 고립돼 있던
> 한 사람이 다시 사회와 연결되는
> 순간을 함께 목격한 거니까요."**

안 연락이 끊겨 있었는데 갑자기 "나 취업했어"라고 말하는 게 쑥스럽고 두렵다고 하더라고요. 그래서 가장 먼저 저희에게 전화를 주신 거예요.

얼마나 소식을 알려 주고 싶었으면 아침 9시 알람을 맞춰 놓고 기다리셨다고 하더라고요. 그 순간 저도 울컥했어요. 고립돼 있던 한 사람이 다시 사회와 연결되는 순간을 함께 목격한 거니까요.

상담사 분들은 평소에도 꾸준히 관련 교육을 받는다고 들었어요.

상담사들에게는 꾸준한 교육과 역량 강화가 필수예요. 저희는 센터장님이나 심리 상담 관련 전문 교수님들과 수

시로 면담하며 대화 기술을 점검하고, 정기적인 교육을 받고 있어요. 자치구별 복지 자원을 정리한 자료집을 만들어 두고 시민이 필요할 때 바로 안내할 수 있도록 준비도 하고요. 이런 체계적인 훈련이 있어야 시민들에게 훨씬 더 실질적인 도움을 드릴 수 있으니까요.

상담을 하면서 보이는 서울은 어떤 도시인가요?

겉으로 보이는 화려함 이면에 치열한 경쟁이 자리 잡고 있는 곳이 서울이라고 생각해요. 많은 사람들이 취업을 위해, 또 새로운 기회를 찾기 위해 서울로 몰려오지만, 그만큼 좌절과 외로움도 크게 겪게 되죠.

그런데 또 한편으로는, 서울은 그 외로움을 덜어 주기 위해 발 벗고 나서는 도시이기도 합니다. 외로움안녕120 같은 상담 창구를 만들고, 시민들이 스스로 회복할 수 있도록 돕는 다양한 프로그램을 운영하고 있잖아요. 사실 이런 일을 지자체 차원에서 체계적으로 하는 곳은 없거든요. 저는 이게 서울이라는 도시가 가진 남다른 의미라고 생각해요.

물론 이러한 노력을 찾아보지 않으면 알기 어렵고, 홍보도 충분하지 않아서 놓치는 경우도 있을 거예요. 그래서 저희가 전화를 받으면서 단순히 외로움 상담만 하는 게 아니라, 관련된 프로그램이나 지원 정보를 함께 알려 드리려 해요. '아, 서울이 이런 것까지 챙기고 있구나' 하고 느끼실 수 있도록요.

> 서울은 경쟁이 치열하고 사람도 많은 대도시입니다. 그만큼 고립과 외로움도 쉽게 커질 수 있죠. 언제든 누구에게나 찾아올 수 있는 외로움의 순간, 전화 한 통으로 따스함과 연결될 수 있다는 사실은 새로운 '도시의 안전망'이 됩니다.

그렇게 '챙겨 주는 마음'이 '다정함'이기도 한 것 같아요.

다정함이라는 건 결국, 상대방이 뭘 원하는지 잘 알아차리고, 지지해 주고 공감해 주는 따뜻한 마음인 것 같아요. 저희가 상담하면서 느끼는 다정함은, 사실 말투가 곱다든지 하는 겉으로 보이는 태도가 아니에요. "이 사람이 잘 됐으면 좋겠다" 하고 바라는 그 간절한 마음에서 나오는 거죠. 상담하다 보면 가끔 "상담사님도 힘드시죠? 감정 조절 잘 하시고, 건강도 챙기세요" 이런 말씀을 하세요. 그럴 땐 제가 오히려 위로를 받는 느낌이에요. 그 한마디에 진심이 느껴지고, 또 제가 이 분께 조금이나마 도움이 됐구나 하는 생각에 마음이 따뜻해집니다.

또, 우리 외로움안녕120의 모든 상담사 선생님들이 다정함 그 자체라고 생각해요. 그 마음이 없으면 이렇게 전화 받는 게 쉽지 않을 거예요. 아마 모두들 출근할 때마다 마음속으로 "오늘도 외로운 사람들의 이야기를 잘 들어 줘야지" 다짐하고, 그 마음을 그대로 상담에 담을 겁니다.

마지막으로, 지금 외로움 때문에 힘들어하는 분들에게 해 주고 싶은 말이 있다면요?

외로움은 누구나 느끼는 감정입니다. 감기처럼요. 특별히 잘못한 게 없는데도 누구에게나 찾아올 수 있는 거죠. 그래서 그걸 부끄러워하거나 억지로 밀어내려고 하지 말고, 그냥 자연스럽게 받아들이셨으면 합니다. 그리고 꼭 기억하셨으면 하는 건, 혼자가 아니라는 것이에요. 내 주변에는 나를 도와줄 수 있는 사람들이 있고, 그 도움을 받아들이기만 해도 충분히 괜찮아질 수 있어요.

가장 중요한 건 마음을 닫지 않는 거예요. 누군가 손을 내밀면 거부하지 말고, 그 도움을 받아들이세요. 처음엔 쉽지 않겠지만, 손을 잡을 용기를 내는 순간부터 단단하게 굳은 마음의 벽에 균열이 생겨요. 그 벽이 조금씩 무너지면서 바깥으로 걸어 나올 수 있습니다. 사실 "용기를 내세요"라는 말만으론 잘 와닿

"내 주변에는 나를 도와줄 수 있는
사람들이 있고, 그 도움을 받아들이기만
해도 충분히 괜찮아질 수 있어요."

지 않을 수도 있어요. 하지만 전화 한 통을 거는 그 작은 용기만 있으면 됩니다. 저희가 항상 기다리고 있을게요.

외로움안녕120

외로움안녕120은 서울시가 2025년 4월 1일부터 운영을 시작한 외로움 예방 전용 상담 서비스다. 시민 누구나 다산콜센터(02-120)에 전화해 5번을 누르면 전문 상담사와 연결되어 외로움, 고립감, 정서적 어려움 등에 대해 24시간 365일 상담받을 수 있다. 시범 운영 한 달 반 만에 3000건이 넘는 상담이 접수될 정도로 시민들의 관심이 높았다. 상담 유형의 대부분은 대화와 정서적 공감 요청이었다. 이용자 중 59%가 중장년층, 32%가 청년층으로 나타나 세대 전반에 걸쳐 외로움 문제가 확산되고 있음을 확인할 수 있다.

서울시는 외로움안녕120을 단순한 상담 창구가 아니라 외로움이 심화되기 전에 조기에 개입할 수 있는 정서 안전망의 중심으로 발전시키고 있다. 전화 상담뿐 아니라 '외로움 챗봇' 서비스를 함께 운영해 전화 통화가 어려운 시민도 익명으로 도움을 받을 수 있도록 하고, 상담 결과에 따라 복지 기관이나 정신 건강 센터로 연계하는 체계도 구축했다. 앞으로는 상담 데이터를 기반으로 외로움의 주요 원인을 분석해 지역별로 대응 정책을 세우고, 시민의 마음 건강을 장기적으로 지원하는 사회적 기반을 강화할 계획이다.

▶ 외로움안녕120 상담 서비스 ☎ 02-120+5

다정한 노트   필사 노트

가장 중요한 건 마음을 닫지 않는 거예요. 누군가 손을 내밀면 거부하지 말고, 그 도움을 받아들이세요. 처음엔 쉽지 않겠지만, 손을 잡을 용기를 내는 순간부터 단단하게 굳은 마음의 벽에 균열이 생겨요. 그 벽이 조금씩 무너지면서 바깥으로 걸어 나올 수 있습니다.

다정한 일기　　　　　　나에게 묻는 질문

☞ 지치고 외롭다고 느끼는 순간이 언제인가요?

☞ 외로움을 느낄 때, 어떻게 마음을 달래고 있나요?

☞ 지금 전화를 걸어 목소리를 듣고 싶은 사람이 있나요?

☞ 그 사람에게 듣고 싶은 말은 무엇인가요?

동행 24절기

계절이 바뀌면 서울의 풍경도, 사람들의 하루도 달라집니다.
봄에는 다시 시작할 용기를, 여름에는 서로를 응원할 힘을,
가을에는 마음을 돌보는 여유를, 겨울에는 마음을 녹이는 온기를 준비합니다.

스물네 절기의 시간 속에서, 서울은 늘 시민과 함께 걸어 갑니다.

절기의 의미와 서울의 따뜻한 동행 정책들을 함께 엮었습니다.
절취선을 따라 뜯어 내면 책갈피로 사용하실 수 있어요.
페이지 속 QR코드를 스캔하고
나와 함께 동행할 정책도 확인해 보세요.

입춘
2월 4일

봄이 시작되다
봄이 시작되듯, 돌봄의 하루에도
따뜻한 바람이 불어옵니다.

▶ 가족돌봄청년 지원

우수
2월 19일

눈이 녹기 시작하다
얼어있던 마음이 녹는 계절,
인생의 다음 장을 그릴 시간입니다.

▶ 서울시민대학

경칩
3월 5일

만물이 겨울잠에서 깨어나다
깨어나는 계절처럼,
다시 일어설 용기를 찾습니다.

▶ 청년부상제대군인 상담센터

입춘
2월 4일

우수
2월 19일

경칩
3월 5일

정책을 확인하시려면
QR코드를 스캔하세요.

SEOUL MY SOUL

춘분
3월 20일

청명
4월 5일

곡우
4월 20일

춘분
3월 20일

낮의 길이가 밤보다 길어지다
낮의 길이가 길어지는 날,
몸과 마음의 균형을 돌봅니다.

▶ 손목닥터9988+

청명
4월 5일

가장 좋은 날씨를 맞다
맑아진 하늘 아래,
숨 쉬는 도시를 함께 만듭니다.

▶ 기후동행카드

곡우
4월 20일

봄비가 내리다
봄비가 내리는 날, 외로운 마음을
녹여 줄 따뜻한 공간이 있습니다.

▶ 서울마음편의점

입하
5월 5일

여름이 시작되다
처음 함께 꾸린 집,
두 사람의 계절이 시작됩니다.
▶ 장기전세주택 미리내집

소만
5월 21일

따사로운 볕을 쬐다
초여름 햇볕 같은 청춘의 에너지를
응원합니다.
▶ 청년문화패스

망종
6월 6일

곡식의 씨앗을 뿌리다
씨앗을 뿌리는 시기,
배움의 기회도 멈추지 않습니다.
▶ 무료교육플랫폼 서울런

입하
5월 5일

소만
5월 21일

망종
6월 6일

하지
6월 21일

가장 긴 낮을 만나다
가장 긴 낮처럼, 청년의 내일이 배움으로 환해집니다.

▶ 청년취업사관학교

소서
7월 7일

더위가 시작되다
긴 여름날, 아이와 부모 모두가 즐거운 공간.

▶ 서울형 키즈카페

대서
7월 22일

가장 큰 더위를 만나다
가장 더운 날에도, 내일을 준비하는 청춘의 열기는 식지 않습니다.

▶ 서울 영테크

SEOUL MY SOUL

입추
8월 7일

가을이 시작되다
바람이 선선해지면, 가족의 하루에도
행복이 찾아옵니다.

▶ 탄생응원

처서
8월 23일

가을 바람이 불다
바람이 차가워질수록, 함께 먹는
밥상엔 온기가 피어납니다.

▶ 쪽방촌 동행식당

백로
9월 7일

이슬이 맺히다
흰 이슬이 맺히면, 쌓여 온 시간이
열매를 맺기 시작합니다.

▶ 서울동행일자리

입추
8월 7일

처서
8월 23일

백로
9월 7일

추분
9월 23일

한로
10월 8일

상강
10월 23일

추분
9월 23일

밤의 길이가 길어지다
밤이 길어지는 날, 도움의 불빛은 언제나 켜져 있습니다.

▶ 서울시 안심벨 헬프미

한로
10월 8일

찬 이슬이 맺히다
찬 이슬 내리는 새벽, 다시 설 수 있는 발판을 놓습니다.

▶ 디딤돌소득

상강
10월 23일

서리가 내리다
차가운 공기 속에서도 배움은 마음의 불씨가 됩니다.

▶ 희망의 인문학

입동
11월 7일

겨울이 시작되다
찬바람이 불기 시작할 때, 닫힌 문 너머로 따뜻한 손길을 내밉니다.

▶ **고립·은둔청년 지원**

소설
11월 22일

눈이 내리다
첫눈처럼 맑은 마음으로, 새로운 발걸음을 내딛습니다.

▶ **자립준비청년 지원**

대설
12월 7일

가장 큰 눈이 내리다
눈이 쏟아지는 날, 보이지 않는 곳에도 돌봄의 손길이 닿습니다

▶ **콜센터 안심돌봄120**

입동
11월 7일

소설
11월 22일

대설
12월 7일

SEOUL MY SOUL

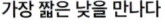

동지
12월 22일

소한
1월 5일

대한
1월 20일

동지
12월 22일

가장 짧은 낮을 만나다
가장 긴 밤에도, 병원으로 가는 길이
외롭지 않도록.

▶ 병원 안심동행서비스

소한
1월 5일

추위가 시작되다
매서운 추위 속에서도, 누구도
혼자이지 않게.

▶ 콜센터 외로움안녕120

대한
1월 20일

가장 큰 추위를 만나다
가장 추운 날엔, 나눔으로 따뜻한
가게가 기다립니다.

▶ 쪽방촌 온기창고

SEOUL MY SOUL